Alisis pīdzeivuojumi
Breinumu zemē

Alisis pīdzeivuojumi Breinumu zemē

Autors
Luiss Kerols

Ilustrātuojs
Džons Teniels

Latgalīšu volūdā tulkova
Evika Muizniece

evertype

2015

Izdūts/*Published by* Evertype, 19A Corso Street, DD2 1DR, Scotland. *www.evertype.com.*

Originalais nūsaukums/*Original title*: *Alice's Adventures in Wonderland*.

Tulkuojums/*This translation* © 2015 Evika Muizniece.
Izdavums/*This edition* © 2015 Michael Everson.

Pyrmizdavums/*First edition* 2015.

Gruomotys anotaceja ir atrūnama Britu bibliotekā.
A catalogue record for this book is available from the British Library.

ISBN-10 1-78201-046-7
ISBN-13 978-1-78201-046-3

Rokstu zeimu formatiejumā Michael Everson ir lītuojs itaidus fontus: De Vinne Text, Mona Lisa, ENGRAVERS' ROMAN, i *Liberty*.
Typeset in De Vinne Text, Mona Lisa, ENGRAVERS' ROMAN, *and Liberty by* Michael Everson.

Ilustracejis/*Illustrations*: John Tenniel, 1865.

Konsultanti/*Consultants*: Valentins Lukaševičs, Iveta Senkāne
Redaktore/*Editor*: Ilga Šuplinska
Korektore/*Proofreader*: Sandra Ūdre

Vuoks/*Cover*: Michael Everson.

Īvods

*L*uiss Kerols (*Lewis Carroll*) beja Čarlza Latvidža Dodsona (*Charles Lutwidge Dodgson*), matematikys pasnīdzieja Kristus bazneicys koledžā Oksfordā, pseidonims. Juo slavanuo puorsoka roduos laivu braucīnī pa Temzu Oksfordā 1862. goda 4. julī. Dodsonu tymā pavadeja bazneickungs Robinsons Dakverts (*Robinson Duckworth*) i treis meitinis, Kristus bazneicys dekana meitys: desmitgadeiguo Alise Lidele i juos muosys – treispadsmitgadeiguo Lorina i ostoņus godus vacuo Edite. Kai palīk skaidrs nu īvoda poemys, tod muosys ļyudza Dodsonu stuostēt kaidu stuostu, jis, nu suokuma cīš nagribeigi, suoce stuostēt, i tai roduos pyrmuo verseja stuostam *Alisis pīdzeivuojumi Breinumu zemē*. Pīcu laivys braucieju izteiktuos atzinis sasakuortuoja gruomotā, kas dīnys gaismi īraudzeja 1865. godā.

2012. goda majā mani uzrunuoja Abardinys Universitatis (Skoteja) literaturzynuotnīks Deriks Maklūrs (*Derrick McClure*), stuostūt, ka kerolists Džons Lindsets (*Jon Lindseth*) pīduovoj tulkuot L. Kerola *Alisi* latgalīšu volūdā, bet izdeviejs Maikls Eversons (*Michael Everson*) tū gotovs ari publicēt. Kai daudzis lītys munā dzeivē, tuos ir nagaideitys, provocejūšys, bet par tū ari saistūšys. Es, puorrunojūt ar

Valentinu Lukaševiču, Sandru Ūdri i sovu meitu Eviku, pīkrytu itai avanturai. Piec tuo myusu komandai vēļ pīsapuļcēja Iveta Senkāne, Rēzeknis Augstškolys tulku programys absolveņte. Dorbs tyka paveikts 2013. goda beiguos, cīš ceram, ka pasateicūt Izgleiteibys i zynuotnis ministrejis atbolstam (taids pīškierts nūvada vuiceibys atbolstam), gruomota byus pīejama ari latgalīšu skaitietuojam, na tik *Alisis* tulkuojumu kolekcionarim i interesentim.

Alisis tulkuojumi, prūtams, ka ir pīeejami latvīšu volūdā (mes vysi asom auguši ar Elfridys Melbarzdis tulkuotū *Alisi*), bet latgalīšu volūdā taida da šam nav bejs. Veļ vaira – rokstu tradiceja latgalīšu volūdā atsateista nu 18. godu symta suokuma, tok tulkuojumi, lokaliziejumi vaira ir bejušs goreigajā literaturā, fragmentūs meklejami i laiceiguos literaturys puorcālumi, eipaši žurnalā „Zīdūnis" (1921–1940). Te, prūtams, veicams vēļ tulkuojumu i tūs fragmentu apzynuošonys dorbs, tačū tys zeimoj, ka *Alisis* tulkuojums ir vīns nu pyrmajim, kas var pasaruodeit gruomotā 21. godu symta suokumā.

Taitod tys ir pyrmais *Alisis* tulkuojums latgalīšu volūdā, kurai laika gaitā dūti dažaidi apzeimiejumi (da 20. g. s. poši latgalīši i cyttautu pietnīki tū sauc par latvīšu volūdu, tod teik izmontuoti dažaidi apzeimiejumi, kab škiertu latgalīšu volūdu nu latvīšu literaruos volūdys: latgaļu izlūksne, latgaļu volūda, augšzemnīku dialekts i cyti). Nu 1990. goda oficialais latgalīšu volūdys statuss nūteikts Vaļsts volūdys lykumā kai „latvīšu volūdys viesturiskais paveids". Nu 2010. goda ISO kodu registrā (ASV) jai īdūts storptautyskais kods LTG i jei pīzeita par volūdu. Seikuok par latgalīšu volūdys viesturi i stuovūkli myusu dīnuos var skaiteit: Marten H. F., Šuplinska I., Lazdiņa S. *The Latgalian language in education in Latvia.**

---

* http://www.mercator-research.eu/fileadmin/mercator/dossiers_pdf/
090603.regional_dossier_latgalian_in_latvia.pdf

Struodojūt pi tulkuojuma redigiešonys, ir vairuokys idejis, kas mani saista ari kai skaitietuoju. Pyrmam kuortom, mani fascinej L. Kerola volūdys smolkums, kab tū izbaudeitu, sevkuram agruok voi vāluok juorauga itū gruomotu skaiteit originalā, jo tik tod vuordu spēļu lykumsakareibys pasaruoda piļneibā. Ir skaidrs, ka sevkurs tulkuojums koč kū izmaina, adaptej voi zaudej saleidzynojumā ar originalu.

Lai ari pamatā gruomotā pasaruoda homoformys, homofoni voi atskaņu puori, kas veidoj filozofisku asociaceju, ir lītuoti ari homonimi. Tūs adekvati iztulkuot ir vysgryušuok. Vīns nu taidu ir 10. nūdaļā lītuotais zivs nūsaukums *whiting*, kuram vuordineicā var atrast divejis nūzeimis: 1) balsinomais kreits; 2) sudobruotais heks (*Merlangius merlangus*). Ka tū zyna, ir īspiejams saprast sekojūšū stuostu par kurpem. Ka tū nazyna, tod itys stuosts palīk nonsensa leimenī i dīz voi aizraus skaitietuoju. Par tū latgalīšu variantā palyka *sudobruotais heks* ar zamsveitrys skaidruojumu par ituo vuorda nūzeimem angļu volūdā. Par kū tai? Par tū, ka ir vairuokys vītys gruomotā (i tys ir tikai lykumsakareigi!), kas ilustrej angļu kulturys, dūmuošonys, uzvedeibys atškireibys i nasaskaņ ar realitatati (ari fantazejis tālim), kas beja zynomi Latgolā 19. g. s. Prūtams, 20. g.s. ir daudz kū nūvīnādojs i globalizacejis process ir ītekmiejs sevkurys nacejis dūmuošonu, mazynuojs nacionaluos, etniskuos atškireibys, tymā pat laikā specifiski angliskais pasaulis izjyutys koņteksts gruomotā ir palics.

Vysvaira tys jiutams Alisis savrupeibā. Ja latgalīšu puorsokys varūņs izīt puorbaudejumu/pīdzeivuojumu ceļu i sateik cytus tālus, tod vysmoz kaids nu jim palīk par eistu draugu, kam var uzaticēt, kas paleidzēs, kura uzvedeiba nabyus egocentriska, bet altruistiska. Tys ir vuordūs naaprāksteits attīceibu vāsums, kas ir gruomotā i nabyus saprūtams latgalīšu skaitietuojam ari 21. g. s. Pat Boltais Truss, kas, redzīs, ir arhetipiski vyspazeistamuokais tāls, taids nūteikti cylpoj ari pa latgalīšu puorsokom, itamā stuostā ir aizjemts ar cymdu mekliešonu, bādom par laika nūsisšonu, bailem nu Karalīnis. Alise patīseibā vysu laiku ir *vīna* ar nesaprūtamū augšonys sindromu, bailem, naziņu, zyņkuoreibu.

Vēļ vīns neizpratnis faktors latgalīšu skaitietuojam var tikt saisteits ar realitatis socialū fonu. Latgalīša socialais koņteksts ir krītni nabadzeiguoks vēļ 20. g. s. 30. godūs, kur nu vēļ 19. g. s., par tū L. Kerola atkluotuo ironeja par izgleiteibys procesu, filozofiskuo laika nūsisšonys problematika, tiejis čaja dzeršonys rituals voi bīžuo tortu iesšona i peirāgu cepšona, rūžu voi ogurču audziešona siltumneicuos ari redzejuos daļa nu fantazejis, kas gryuši atpazeistama realitatē (varbyut par tū itū gruomotu natulkuoja agruok!).

Ari satiktī varūni, eipaši tī, kas ir saisteiti ar jiurys, okeana pasauli, voi atdzeivynuotuo kartu kava eisti naīsader latgalīša prīškstatu sistemā. Pyrmī par tū, ka jiura (kur nu vēļ okeans) latgalīšam ir koč kas svešs, ari tikai teikuos voi burlaku stuostūs dzierdāts. Ūtrī kasdīnys dzeivē pasaruoda ar pūļu panim, krūgu, vysod ir Bazneicys struopāti, bet katuoļu tradicejis ari šudiņ ir styprys i tūs radeitī stereotipi ir aktuali.

Dzejūļu tulkuošona, redzīs, beja vysgryutuokais puorbaudejums. Tī ir tulkuoti, nameklejūt angļu originaltekstus voi hrestomatyskus dzejūļus latgalīšu volūdā, raugūt saglobuot atskaņu sistemu i pantmāru. Par kū? Par tū, ka pyrmais variants praseitu garu komentaru ryndu uorpus pošys gruomotys teksta, juoatsazeist, ka nivīns nu tulkuojumā īsaisteitajim tai nu sirds nav aizaruovīs ar angļu literaturu, par tū tys praseitu ari cīš lelu laika tieriņu. Ūtrais variants ari eisti nav īspiejams, jo latgalīšu literaturys hrestomatejis ir publicātys pyrma Ūtruo pasauļa kara, par tū lelai daļai myusu dīnu skaitietuoju vīnkuorši nav zynomys. Lai ari paradzu, ka piec godim desmit der atsagrīzt pi ituo tulkuojuma i nūmaineit vysmoz daļu nu dzejūlim ar parodejom par latgaļīšu skaiteituojam labi zynomim tekstim, tod ari filozofiskais koņteksts pasaruodēs suleiguok. Itūbreid vīns nu *Alisis* atpazeistamuokajim gobolim: „Twinkle, twinkle, little bat! How I wonder what you're at!", kū Kerola pietnīki atzeist par parodeju kaidai Anglejā labi zynomai šyupuļa dzīsmei, latgaliski skaņ mīli, dūdūt īspieju kaidam tū puorvierst tīši par mīga dzīsmeiti. Bet atsagrīzsim pi tuo, kas mani kai skaitietuoju saista L. Kerola tekstā. Ūtram kuortom, tīši socialūs procesu izsmīšona: audzynuošonys scena nūdaļā par Hercogīni, izgleiteibys procesa formalisms Naeistuo Bruņurupuča atmiņuos, tīsys procesa absurds gruomotys beigu daļā. Aizraujūša beja keroliskajam nonsensam adekvatu vuordu atrosšona Neeistuo Bruņurupuča i Alisis dialogā. Aritmetikys sadalis – skaiteišona, atjemšona, reizynuošona, daleišona, kas ir gona daiļruneigys angļu volūdā, ari latgaliski paruoda školys i cylvāka divkūseibu: *sakaitynuošona, nūsajemšona, rācynuošona, apdaliešona.* A pamatprīškmati *laseišona (skaiteišona) i raksteišona,* atbylstūši keroliskajam puorlykumam *kailiešona i baksteišona,* kļyust gondreiž par simbolyskim itūs darbeibu apzeimiejumim latgalīšu volūdys i izgleiteibys vaicuojumu koņtekstā. *Skaiteit – kaitēt* – nu vīņys pusis paruoda, ka latgalīšu literaturys tapšona bīži viņ tyka saukta par kaitnīceibu (vīns ar dokumentu aplīcynuots drukys aizlīgums cariskuos Krīvejis laikā (1865–1904), divi – naoficiali – K. Ulmaņa režima laikā (1934–1940), padūmu laikā (1944–1988)). Nu ūtrys pusis – atkluoj, ka myusu dīnuos tuos atdzimšona ir lāna, bīži viņ saisteita ar postmodernismam rakstureigū spēlis (*kaitys*) elementu. Taipoš dubultu simboliku mantoj ari *raksteišonys – baksteišonys* apzeimejums. Nu vīnys pusis (lītuotuoja), latgaliski cīš moz cylvāku roksta, jī vaira boksta, par tū ka latgalīšu volūdu navar īsavuicēt školā (nu 1934.

goda), nav taida prīškmata. Nu ūtrys pusis, pastuov nasaskanis storp tai sauktuos vacuos i jaunuos ortografejis lītuotuojim (*Alisē* izmontuota jaunuo ortografeja!), kur leidzeigi Kerola īcīneitajim nonsensim, streida pamatā ir divskaņa uo raksteiba: vacajā ortografejā: o ar garuma zeimi (ō), jaunajā, atveidojūt izrunu, ar divim patskanim (uo). Tei ir volūdnīku baksteišonuos ar cytu profeseju puorstuovim (garīdznīceibu, vecuoka goda guojuma pedagogim, izdeviejim), tok tys byutiski kavej volūdys normu sakuortošonu i latgalīšu volūdys vysmoz kai izvielis prīškmata īvīsšonu školā.

Eistineibā, itū lelū avanturu – tulkuot *Alisi* latgalīšu volūdā – apsajēmem tik deļ tuo, kab veicynuotu volūdys atteisteibu i gatavuotu losomvīlu školānim, trenejūtīs latgalīšu volūdys apgivē. Par tū miļzeigs paļdis „pyrmajam akmeņam" – Džonam Lindsetam (*Jon Lindseth*), kas īrūsynuoja L. Kerola *Alisis* izdūšonys 150 gadei par gūdu tū iztulkuot ari latgaliski, kai ari izdeviejam Maiklam Eversonam (*Michael Everson*), kas tū pīkryta izdūt. I, saprūtams, tim, kas ripuoja leidza. Paļdis munai meitai Evikai, kas uzadreikstēja i uzajēme gryutuokū darbu – puortulkuot tekstu latgaliski, paļdis Vaļukam, kas beja kluot ar sovu dziļū latgalīšu volūdys izjiutu, Sandrai Ūdrei par kritiku i volūdys nūapaļuojumu i Ivetai Senkānei par paleidzeibu angļu volūdys seikumeņu izpratnē. Te gan juoatguodynoj, ka tulkuošonys lauceņš latgalīšu volūdā ir piļneigi breivs, ari tim, kas, puorskaitūt itū gruomotu, saceis, ka vajadzēja cytaižuok.

I, trešam kuortom, lai cik pyrmajā šaļtī nasaprūtama varātu redzētīs dūmuošonys i pasauļa izjiutys tradiceja, kas puorjem skaiteituoju L. Kerola volūdys pasaulī, pamatideja – saglobuot sevī bārnu, juo spieju pasauli redzēt cytaidu, naīrostuoku, ari naārtu i logiski naizskaidrojamu, a cytu reizi puorlaimeigu, kai Alisis augšonys kuopumus i

x

krytumus, vysu kai pyrmū reizi, – ir svareiga sevkurā kulturā, kas meklej sova kūdula, pamatbyuteibu, rauga tū napazaudēt i cytim atkluot.

Ilga Šuplinska
Rēzekne, 2015

Foreword

*L*ewis Carroll is a pen-name: Charles Lutwidge Dodgson was the author's real name and he was lecturer in Mathematics in Christ Church, Oxford. Dodgson began the story on 4 July 1862, when he took a journey in a rowing boat on the river Thames in Oxford together with the Reverend Robinson Duckworth, with Alice Liddell (ten years of age) the daughter of the Dean of Christ Church, and with her two sisters, Lorina (thirteen years of age), and Edith (eight years of age). As is clear from the poem at the beginning of the book, the three girls asked Dodgson for a story and reluctantly at first he began to tell the first version of the story to them. There are many half-hidden references made to the five of them throughout the text of the book itself, which was published finally in 1865.

In May 2012 Derrick McClure, a literature specialist from the University of Aberdeen in Scotland, told me that Lewis Carroll enthusiast Jon Lindseth had come forward with the suggestion that Lewis Carroll's *Alice* be translated into the Latgalian language, and that publisher Michael Everson was prepared to publish the translated material. Many things and events in my life are unexpected and provocative, but at the same time they are fascinating. After talking to Valentīns Lukaševičs, to Sandra Ūdre, and to my daughter Evika, I agreed to take part in this venture. Iveta Seņkāne – a graduate of the translator's programme at the Rezekne Higher Education Institution – joined our team. The work was accomplished at the end of 2013. We hope that with the support of the Ministry of Education (which is charged with supporting regional studies) this book will be available not only to the collectors of *Alice* translations and to persons interested in this book, but also to the ordinary Latgalian reader.

Alice is available in Latvian (we all have grown up with the translation of *Alice* by Elfrīda Melbārzde), but it has never before been translated into Latgalian. The tradition of the written Latgalian language developed at the beginning of the eighteenth century with the translation mainly of local spiritual literature, but it can be found as well in the excerpts of secular literature, especially in the journal *Zīdūnis* (1921–1940). There is no doubt that much work must be done to gather information about both complete translations and abridgements and excepts, but it is clear that *Alice* is one of the earliest translations to appear as a book at the beginning of the twenty-first century.

The Latgalian language has had different designations. Until the twentieth century Latgalian researchers and the researchers of other countries simply called it the Latvian language; later other designations were used in order to distinguish the Latgalian language from the Latvian literary language: Latgalian dialect, Latgalian language, the dialect of the Eastern part of Latvia, and so on. Since 1990 the official status of the Latgalian language has been established in the State Language Law as "a historical variety of the Latvian language". Since 2010 the international standard ISO 639-3 (Codes for the representation of the names of languages) has recognized Latgalian as a language proper, providing the language code "ltg" for it. More detailed information about the history of the Latgalian language and its current position and condition is available in H. F. Marten, I. Šuplinska, S. Lazdiņa. *The Latgalian language in education in Latvia.**

While I was editing the translation, I noticed a number of ideas which were interesting for me as a reader. Firstly, I became quite fascinated by the daintiness of Lewis Carroll's language; to enjoy this, everyone should read this book in the original sooner or later, because that is the only way to fully see regularities of Carroll's word-play. Obviously any translation into a foreign language will necessarily change, adapt, or lose something. Alongside many homoforms, homophones, and rhyming pairs, which create philosophic associations, Carroll also makes use of homonyms. These are the most difficult to translate adequately. One of them is a name of a fish mentioned in Chapter X – the *whiting* – which has two meanings according to dictionary: 1) ground chalk used for cleaning; 2) the name of a fish (*Merlangius merlangus*). If both meanings are known, it is possible to understand the subsequent text about shoes – but if they are not clear, then the text remains at a level of nonsense and is not so likely to be interesting for the reader. That is why in Latgalian the translation *sudobruotais heks* ('whiting', the name of the fish) has been retained with an explanation of the meaning of whiting in English. Why? Because there are many occasions in the book (and that is reasonable!) in which English culture, thinking, and behavioural differences are illustrated, and they are not related to real (or imaginary) characters, which were known in Latgale during the nineteenth century. Of course, during the twentieth century many things have

---

* http://www.mercator-research.eu/fileadmin/mercator/dossiers_pdf/
090603.regional_dossier_latgalian_in_latvia.pdf

become common due to the globalization process, which has influenced every nations way of thinking, decreasing national and ethnic differences, but at the same time the specific English world-view has not faded away.

Most of all it can be seen in Alice's apartness. If the character of a Latgalian fairy tale takes the path of adventures and obstacles and meets other characters, at least some of those characters become real friends, who are reliable, helpful, who will not act egocentrically, but altruistically. But in *Alice* there is that nameless coldness in relationships, which will not be understood in Latgale even in the twenty-first century. Even the White Rabbit, which could seem archetypically the most recognizable character in Latgalian fairy tales, here is busy searching for gloves, experiencing sadness for wasting time, and being afraid of the Queen. Basically, Alice is on her own with unaccountable changes, fear, suspense, and curiosity.

One more incomprehensive element can be connected with the social background of reality. The social context of Latgalian people was much poorer even in 1930s, even taking the situation of the nineteenth century into account. That is why Lewis Carroll's unconcealed irony about the education process, time spending problems, the tea-drinking ritual, frequent pie-eating and pie baking, cucumbers and roses growing in greenhouses, and so on, will also seem a part of imagination, unconnected with the comprehension of reality.

The characters met by Alice on her path, especially those who are connected with the sea and ocean wildlife, or the living card-deck, will not fit into Latgalian world outlook as well. The former are unfamiliar, because the sea (not even talking about the ocean) is something unfamiliar, connected with series and fairy tales. The latter have come into daily life together with Polish landlords and pubs, which are always condemned by church, but catholic traditions and stereotypes are still strong in Latgale.

The most complicated part, as it seems, was the inclusion of the poems. They were translated without looking either for the texts of English origin or of poems from Latgalian readers, though an attempt was made to maintain the rhyme system and meter. Why? Because to do the first would have required long comments made beyond the text – and, I have to admit, no one from translation work group has ever had such a deep interest in English literature, so it would have taken a great deal of time as well. Relating the poems to Latgalian was not quite possible either, because Latgalian readers were published before the World War I, which means that most part of people today simply do not know them. I believe that after some ten years it would be useful to return to this translation and substitute at least a half of poetry with parodies of texts known by Latgalians this would make the philosophic context brighter as well. For now, one of the most recognizable parts of *Alice* is: *"Twinkle, twinkle, little bat! How I wonder what you're at!"*, which is known by Carrollians to be a parody of a well-known English lullaby; it sounds rather sweet in Latgalian and allows anyone to transform it into lullaby.

But let us return back to what seems interesting to me as a reader right now – turning social processes into caricature – treating the scene with the Duchess, the formality of educational process in the Mock Turtle's memories, and the absurd of court process at the end of the book. Searching for adequate words to Carroll's nonsense in the dialogue between the Mock Turtle and Alice seemed fascinating. Arithmetical operations – Addition, Subtraction, Multiplication, and Division, which are eloquent enough in English, remain bright enough in Latgalian translation, showing the duplicity of school and people – *sakaitynuošona* 'making angry', *nūsajemšona* 'toing and froing', *rācynuošona* 'causing laughter', and *apdaliešona* 'shortchanging'. The basic subjects *Reeling* and *Writhing*, rendered as *kaitiešona* 'hurting, playing' and *baksteišona* 'poking', become almost a symbolic designation in the context of Latgalian education and language. *Skaiteit* 'to read' – *kaitēt* 'to hurt', to play' – on the one hand shows that formation of the Latgalian language was often judged as a sabotage (one officially documented prohibition of printing in Czarist Russia times (1865–1904), two unofficial prohibitions in the time of Ulmanis regime (1934–1940) and in Soviet times (1944–1988)). On the other hand – it reveals that the rebirth of Latgalian language nowadays is slow and usually linked with play (*kaitys*) element, characteristic of postmodernism. The second of the pair is doubly symbolic as well. On the one hand it is about language users, who do not write as much as they poke, because the Latgalian language is not taught in schools (from 1934), but on the other hand, there are disputes between so called old and new orthography users, which is similar to Carroll's favourite nonsense – the dispute is basically about the spelling of diphthong *uo* – in the old orthography it is spelt *ō*, while in the new orthography it is written as a digraph *uo*. Thus the the pun points out the 'poking' of linguists with the representatives of other professions (clergymen, elderly teachers, publishers) – which significantly prevents the provision of language support and the introduction of the Latgalian language (at least as an elective course) in schools.

In fact we took part into this big venture of translating *Alice's Adventures in Wonderland* into Latgalian to facilitate the development of language and to prepare reading material for students' language training classes. It must be admitted that there are many possibilities for translation in the Latgalian language, so critics who may say that something in this book should had been done in different manner from the way in which we did it, should take all of this into consideration, whether they criticize aspects of the translation itself or the new orthography used here.

No matter how confusing the tradition of thinking and world-view may seem in the Carroll's language, its prevailing idea – which is to keep alive the child in yourself, and to maintain the ability to see the world, which is different, unusual and sometimes uncomfortable, sometimes happy (just as Alice's rises and falls in the story) always for the first time – is important in any culture, which strives for its core, finding and understanding its own essence.

Ilga Šuplinska
Rēzekne, 2015

Alisis pīdzeivuojumi
Breinumu zemē

Saturs

Šai piecpušdīnē zaltainā
    Mes bezryupeigi sleidam,
Ar obim airim, kai nu īt,
    Div rūkom laivu beidam,
Tod mozuos rūkys pasaļaun
    I ceļuojumu gaida.

Ak, trejūtne! Kai stuņdē šai,
    Kod sapni pylda pruotu,
Tu stuostu ļyudz, bet spāka nav,
    Kab krateit spolvyskuotu!
Bet kū var īsuokt vīna bolss
    Pret trejim bolsim kluotu?

Tei Pyrmuo, voldūneiga jei,
    Juos pavēle skaņ: „Dori tū!”
Tuos Ūtruos maiguo doba cer,
    Ka likšu te muļkeibu,
Bet Trešuo puortraukt stuostu prūt
    Tik reizi par minutu.

Tod pieški klusums īstuoja,
    Kai sapynā juos guoja,
I Breinumzemē kruošņajā
    Tam sapņu bārnam muoja,
Ar zvārim, putnim runovuos,
    Pa pusei ticēt stuoja.

I cikom stuosts ir izstuosteits,
  I sapņu okys sausys,
Tod tīcās nūgurušais mest
  Pi molys dūmys gausys:
„Tod turpynuosim cytureiz!"
  „Nā, tān!" klīdz mēlis jaukys.

Tai auga Breinumzemis stuosts,
  Koč lānom, vīns aiz vīna,
Daudz pīdzeivuojumu ir bejs,
  I topa stuosts kai sīna,
Iz sātu styurejom mes kūpā,
  Kod beigusēs ir dīna.

Hei, Alise! Tod pajem stuostu
  Ar maigu rūku nūlic,
Kab bārnu dīnu sapni tveikst
  I nūslāpumim nūtic,
Kai svātceļnīka vainadzenis,
  Kas tuolā zemē nūpeits.

Lejā pa Truša olu

Alisei beja apnics sēdēt krostā sūpluok muosai i nikuo nadareit. Reizi voi div jei beja patiemiejuse iz gruomotu, kurū muosa turēja rūkuos, a jamā nabeja ni biļdeišu, ni sarunu, i Alise padūmova – kaids gon lobums nu taidys gruomotys, kuramā nav ni biļdeišu, ni sarunu. Jei pruotova (cik sakareigi viņ prota, tai kai korstuo dīna beja meitini nūkomovuse i padarejuse mīgainu), voi byutu vārts ceļtīs i saplēst peipinis vaiņukam. I tamā pošā strēčē bolts truseits ar sorkonom acim paskrēja jai garom.

Tys nabeja nikas *tik* eipašs, taipat kai Alisei nasaruodeja naparostai tys, ka Truss pi seve murmynova: „Vui! Vui! Es tok nūkaviešu!” (Viņ piečuok, vysu apsverūt, jei nūdūmova, ka beja vajadziejs breineitīs, a tamā šaļtī vyss ruodejuos dabiskai.) A kod Truss ar īrostu rūkys kusteibu *izjēme nu vestis kārmyna stuņdinīku*, patiemēja jimā, i steidzēs tuoļuok, Alisei dalēce, ka jei nūteikti nikod nabeja redziejuse trusi ar vestis kārmynu i vēļ stuņdinīku, kuru var izviļkt nu juos uorā, i, nu ziņkuoreibys voi pušu pleisdama, jei steidzēs puori pļovai Trušam pakaļ i paspēja vēļ jū īvāruot, pyrma jis pagaisa olā pi dzeivžūga.

Alise nasakavejūt leida pakaļ trušam olā, nadūmojūt, kai i voi vyspuor jei tiks nu tīnis uorā!

Ola kaidu gobolu beja taisna i kai tuneļs vierzejuos iz prīšku, a tod kruši pasagrīze zamyn, i Alisei pat napītyka laika padūmuot voi apsastuot, kod jei jau kryta zamyn pa tuneli, kas redzējuos jai kai bezgaleigi dziļa oka.

Alise voi nu kryta cīši lānai, voi ari oka beja gona dziļa, deļ tuo, ka cikom jei kryta, jei paspēja apsavērt sev apleik i pasagudruot, kas var nūtikt tuoļuok. Nu suoku jei raudzeja vērtīs zamyn i saprast, kas tī ir, a beja par daudz tymss, kab radzātu. Tod jei suoce vērtīs iz okys molu i pamaneja, ka gar

sīnom vyscaur ir gruomotu plaukti i trauku skapeiši; vītom tī
beja kartis i gleznys, pakuortys iz noglu. Cikom jei kryta, jei
pajēme nu plaukta vīnu burku ar uzrokstu „APEĻSINU
MARMELADS", tok jei beja apsamuonejuse, zaptis trauks
beja tukšs; jei beiduos tū svīst zamyn, kab kaidu najauši
nanūsystu, deļ tuo jai izadeve vāluok tū nūlikt iz kaida
plaukteņa, kuram kryta garom.

„Kū niule," dūmova Alise pi seve, „piec itaida kritīņa
krišona pa trepem maņ byus taids seikums! Sātā vysi
dūmuos, cik es asmu drūsa! Es pat nasaceitum nikuo, ka
maņ gadeitūs nūkrist nu sātys jumta!" (Kas paeistam varātu
nūtikt.)

Zamyn, zamyn, zamyn. Voi kritīņs *nikod* nasabeigs? „Es
grybātum zynuot," jei saceja, „cik jiudžu asmu nūlidovuse pa
itū laiku. Maņ vajadzātu byut nazkur zemis centra tyvumā.
Pagaidit, maņ redzīs, ka itys varātu byut četru tyukstūšu
jiudžu dziļumā –" (Kai redzit, vīnu ūtru gudreibu Alise beja
školā īsavuicejuse, i, koč nabeja *eistuo* reize, lai paspeidātu ar
sovom zynuošonom, deļ tuo ka nivīns tok jamā nasaklauseja,
tūmār atkuortuošona nav slykta dzela.) „– tai, itys byutu par
attuolumu, a maņ vēļ grybātūs zynuot, kaidūs plotuma i
goruma gradūs es asmu." (Alisei nabeja ni nūdzierdys, kas ir
garuma i plotuma gradi, a itī vuordi skanēja skaiški i cāli.)

Piec šaļtenis jei otkun īsarunova: „Byutu breinums, ka
izkrystum taišni *cauri* zemei. Voi itys nabyutu juceigai, ka es
tyktu uorā tī, kur cylvāki staigoj ar kuojom iz augšu i ar
golvu zamyn? Jūs laikam sauc par antipatim –" (itūreiz Alise
gon cīši prīcovuos, ka jū nivīns nadzierd, deļ tuo ka vuords
„antipati" izaklauseja pa golam muļkeigi) „– nui, i zinit, maņ
laikam vajadzēs jim pavaicuot, kai jūs zemi sauc. „Kuņdze,
sokit, lyudzu, voi te ir Jaunzelaņde voi Australeja?" (Tai
sprīzdama, jei raudzeja pasaklaneit, kreitūt pa gaisu zamyn!
Voi jius varātumet koč kū taidu izdareit?) „Jei vēļ
padūmuos, ka es asmu moza glupa meitine. Na, vaicuot

9

nikaidā gadīnī navar, var jau byut, ka zemis nūsaukumu es
redziešu koč kur pīraksteitu."

Zamyn, zamyn, zamyn. Nikuo cyta nabeja, kū dareit, deļ
tuo Alise turpynova runuot: „Varu īsadūmuot, kai Dinai
mane šudiņ datryuks!" (Dina beja juos kačīne.) „Es ceru, ka
jī sātā dasadūmuos jai īlīt pīna čaja dzeršonys laikā. Dina,
muna mīluo! Es tai grybātum, kab tu byutim ite ar mani!
Gaisā, saprūtams, nav peļu, a tu varātim nūgiut plykspuorni,
i zini, jī ir cīši leidzeigi pelei. A voi kači ād plykspuorni?"
Alise sasajuta nūguruse i mīgainā bolsā turpynova: „Voi
kačeiši ād plykspuorneišus? Voi kačeiši ād plykspuorneišus?"
I šaļtim: „Voi plykspuorneits ād kačeiti?" Tu redzi, tai kai jei
navarēja atbiļdēt ni iz vīnu nu itūs vaicuojumu, tod vuordu
seceibai nabeja nikaidys nūzeimis. I tod Alise laikam īmyga,
deļ tuo ka jei sepinēja, kaiba jei ītu ar Dinu, rūkuos
sasacārušys, i praseitu: „Niule, Dina, soki maņ taisneibu, voi
tu ēd plykspuorņus?" I tamā pošā strēčē – bum! bum! Jei
beja nūkrytuse iz sausu žogoru i lopu skaudzis i juos garais
kritīņs beja izabeidzs.

Alise ni druskys nabeja sasavainuojuse, i par reizi pīlēce
kuojuos, jei patiemēja apleik, a vyss beja tymss; garuo zala
golā, kurs beja jai prīškā, vēļ varēja redzēt, kai aizasteidz
Boltais Truss. Itys nabeja breids, kab Trusi pagaisynuotu nu
ocu, i Alise suoce skrīt kai viejs, taišni kab dzierdātu, kai
Truss, nūsagrīzs ap styuri, pasoka: „Vui, munys auss i ūsys,
cik jau vāls!" Alise jau beja gondreiž dadzynuse Trusi, a
taišni aiz styura jis nabeja vaira radzams, Alise beja garā
zamā kalidorī, pi kura grīstu karinēja vasala aile īdagtu
lampu.

Zala vysuos pusēs beja durovys, a kod Alise beja vysys
apstaiguojuse i paraudzejuse nu vīnys i ūtrys pusis, jei
saprota, ka vysys ir aizslāgtys. Jei skumeiga guoja iz zala
vydu, dūmojūt, kai jei tiks uorā.

Beidzūt jei daguoja pi galdeņa, kas beja taiseits nu stykla, iz tuo nabeja nikuo cyta kai viņ zalta atslāgs, i nu suoku Alise dūmova, ka jis derēs kaidai nu zala durovu, a – nikuo, kod jei beja izpruoviejuse vysys slēdzinis, jei saprota, ka voi nu slēdzinis ir par lelu, voi atslāgs par mozu – jis naderēja nivīnom durovom. A, kod jei vēļ vīnu reizi apguoja apleik vysam zalam, jei pamaneja zamus aizkarus, kurūs pyrma ituo nabeja redziejuse, i kod jei jūs attaiseja, jei īraudzeja mozys duravenis, ni vaira kai pādu augstys; jei raudzeja īlikt atslāgu slēdzinī i jai par lelu prīcu jis derēja!

Alise pa durovom redzēja kalidori, kurs piec leluma atguodynova ratastis olu. Jei nūsamete iz ceļu i vērēs caur olu iz gleitu pučku suodu, kaidu tu drūsai nikod nabeji redziejs. Jei cīši gribēja tikt uorā nu tymsuo zala i byut sūpluok tim zīdim, a jei navarēja izbuozt pa durovom vaira kai sovu golvu. „I pat ka muna golva izleistu cauri," dūmova

Alise, „bez munu placu nu ituo nabyutu nikaidys jāgys. Ak, koč es varātum byut kai sastumams teleskops! Dūmoju, ka naīspiejams itys nav, kab viņ es zynuotum, kai īsuokt!" Redzi, pādejā laikā beja nūtics tik daudz vysaidu naticamu lītu, ka Alise nūdūmova, ka pavysam moz ir taidu lītu, kas patīseibā navar nūtikt.

Redzējuos, ka nav nikaidys jāgys gaideit pi mozūs duraveņu, deļ tuo jei aizguoja atpakaļ pi stykla gaļdeņa cereibā, ka jei tī varātu atrast kaidu cytu atslāgu voi gruomotu ar pavuiceibu, kai jai puorsameit par sastumamu teleskopu. Itamā šaļtī jei atroda mozu buteleiti („Kurys, asmu puorlīcynuota, tī nabeja da ituo," saceja Alise), i buteleitei pi kokla beja dasīta zeimeite ar uzrokstu „IZDZER MANI", itys beja nūdrukavuots lelim, skaistim burtim.

Skaņ jau prostai „Izdzer mani", tok Alise beja puoruok gudra, lai tū dareitu *par reizi*: „Nā, nu suoku es patiemiešu," jei saceja, „i paraudzeišu, voi koč kur nav raksteits „iņde", par tū ka Alise beja skaitejuse nazcik mozu, breineigu stuosteņu par bārnim, kuri sadaguši voi kurūs apāduši meža zvāri, voi kurim nūtics koč kas cyts brīsmeigs; un vyss viņ par tū, ka bārni *nagribēja* īguoduot vīnkuoršys lītys, kū draugi jim beja sacejuši, pīvadumam, ka sakarss cepļa kručs var apdadzynuot, kod jū puoruok ilgai tur rūkuos, kod ar nazi puoruok dzili īgrīž pierstā, tys parosti asiņoj; i Alise nikod naaizmiersa – ka puoruok daudz izdzer nu butelis ar uzrokstu „iņde", tod agruok voi vāluok tev suoks suopēt vādars.

Iz ituos buteleitis taida uzroksta nabeja, i Alise sasajēme pagaršuot, kas tī īškā, i garša redzējuos pateikama (dzyra garšuoja kaiba piec vīšņu torta, ūlu krema, ananasa, capta indyka i korstu grauzdeņu), jei dreizai jū iztukšova.

* * * *
* * *
* * * *

„Cik juceiga sajiuta!" saceja Alise, „es asmu drūsa, ka palīku leidzeiga sastumamam teleskopam!"

I tai tys i izaruodeja – jei vaira nabeja pat pādu gara, i juos seja spaitova nu dūmys, ka niule jei beja tik lela, lai tyktu pa mozajom durovom iz tū breineigū suodu. Tok jei vēļ šaļteņu gaideja, kab puorsalīcynuotu, ka napaliks vēļ mozuoka, i trupeiti sasatrauce. „Par tū ka, zinit, var nūtikt tai," jei dūmova pi seve, „ka es izdzeistu kai svece. Kai tod es izavārtum?" Alise raudzeja īsadūmuot, kai izaver svecis līsme, kod svoci nūpynš, a navarēja īguoduot, ka byutu koč kū taidu redziejuse.

Piec nalelys strēčeitis puorsalīcynuojuse, ka nikas vaira nanūteik, Alise nūlēme par reizi īt iz suodu, tok – nikuo, kod jei tyka da durovu, naboga Alise īguodova, ka mozū etsliedzeņu jei ir aizmiersuse, i kod jei nūguoja atpakaļ da golda i gribēja etsliedzeņu pajimt, saprota, ka navar juos dasnīgt; cauri styklam atslāgs beja labi radzams, i Alise nu sirds raudzeja ruoptīs augšā pa vīnu nu golda kuoju, a jei beja puoruok sleideiga; i kod jei jau beja pīkususe nu merkavuojumu, naboga mozuo byute atsasāda i suoce rauduot.

„Nu, nu, nav jau jāgys nu itaidys rauduošonys!” Alise saceja poša sev tik stingrai, cik varēja. „Es soku – par reizi izbeidz!” Alise parosti deve poša sev padūmus (tok cīši reši jūs piļdeja) i nazcik reižu jei sevi styngrai sabuore, ka pat raudīņs saguoja; jei īguoduoja, ka vīnu reizi jei pat sevi īkausteja, par tū ka beja šmaukusēs kroketa partejā, kuru spēlēja poša ar sevi; itam sovpateigajam bārnam cīš patyka tāluot div personys vīnlaiceigi. „A itamā strēčē nav nūzeimis tāluot div personys vīnlaiceigi”, dūmova naboga Alise, „nu mane palics tik moz puori, ka labi, ka saīs *vīna* vārā jamama persona.”

Mudri juos skatīņs pīsagrīze mozai stykla kasteitei, kas stuovēja zam golda; jei jū attaiseja i atroda pavysam mozu torta gabaleņu, iz kura ar parečkom beja izlykts „APĒD MANI”. „Nu kuo, apiesšu gon,” saceja Alise, „ i ka es otkon izaugšu lela, es variešu dabuot atslāgu, a ka palikšu vēļ mozuoka, variešu izleist pa durovu zamašku, tai ka es tikšu suodā tai voi itai. Lai nūteik, kas nūtykdams!”

Alise nūkūde mozu gabaleņu i, izlykuse rūku iz pakauša, kab varātu pasaceit, voi palīk leluoka voi mozuoka, nadaudz nūsabeiduse murmynova: „Kas niule byus? Kas niule byus?”

Alise sasajuta cīš puorsteigta, ka palyka taida, kai bejuse; itys, saprūtams, tai ir parosti, ka piec ūgu maizis iesšonys nivīns namaina izmārus; a Alise beja tik cīši īsajutuse breinumu pasaulī i jei redzējuos, ka itys ir garlaiceigi i muļkeigi, ka dzeive īt iz prīšku kai īrosts.

Par tū Alise nasakavēja i mudri beja apāduse vysu torta gobolu.

*   *   *   *

*   *   *

*   *   *   *

Osoru prūds

"Jūceiguokan i jūceiguokan!" (jei beja cīši puorsteigta, ka iz šaļteņu damiersa, kai juorunoj pareizā volūdā). Es palīku tik lela, cik vysu miļzeiguokais teleskops pasaulī. (Kod jei patiemēja iz kuoju, juos izalyka tik tuoli, ka redzējuos, ka mudri juos vyspuor pagaiss nu ocu.) „Ak, munys naboga kuojis, kurs niule apaus jums kūrpis i zečis, meiluos? Es asmu drūsa, ka navariešu. Es byūšu puoruok tuoli, kab paklapateitom par jums. Jums byus pošom juoteik ar sevi golā. A maņ pret jom labi juoizatur," dūmova Alise, „sovaižuok juos naīs tī, kur es gribiešu! Zynu, es jom duovynuošu jaunu zuoboku puori sevkurus Zīmyssvātkus."

Jei pīstuoja padūmuot, kai jei syutātu zuobokus sovom kuojom. „Jūs nūteikti juosyuta pa postu," jei dūmova, „i cik smīkleigai tys byus – syuteit zuobokus pošys kuojom. I cik jūceigai izaviers adress!"

Cīši cīnejamajai Alisis lobajai kuojai
Iz pakluojeņa
Pi kamina.
(*Ar mīlesteibu Alise.*)

Kaut kaids trokums, tam vysam tok nav jāgys!"

Taišni tamā šaļtī juos golva jau dasadyure zala jumta, itymā breidī jei jau beja garuoka pat par trejim metrim, i par reizi pajēme etsliedzeņu nu mozūs durovu.

Naboga Alise! Jei beja tik gara, ka viņ guļūt iz vīna suona ar vīnu aci varēja redzēt skaistū suodu pa mozojom durovom, i tai kai nabeja nikaidys cereibys tikt cauri, jei atsasāda i suoce gauži rauduot.

„Kaunīs par sevi," saceja Alise, „tik lela meitine kai tu," (tei beja taisneiba) „i itai raud! Par reizi izbeidz, es tev soku!" A jei taipoš turpynova rauduot, cikom nu juos lelūs osoru jai apleik izaveidova desmit centimetru lcls prūds, kurs appludynova zalu da pusis.

Beidzūt jei natuoli nu seve izdzierda sūļu skaņu i lelā steigā izberze acs nu osoru, kab radzātu, kas tī ir. Tys beja Boltais Truss, kas beja atguojs atpakaļ, šveiteigi apsamaucs, i ar kozys uodys cymdim vīnā i viedekli

ūtrā rūkā. Jis steidzēs mozim sūleišim iz prīšku i vysu laiku pi seve murmynova: „Kaids trokums! Hercogīne! Ak! Voi tik jei nabyus cīši sirdeiga par tū, ka lyku jai gaideit?" Alise sasajuta cīši biedeiga i izsamysuse, jai beja vajadzeiga paleidzeiba da nu kuo gribi, deļ tuo, kod Truss daguoja tyvuok, jei jam saceja klusā i kautreigā bolsā: „Kungs, voi jius, lyudzu, varātumet –" Truss cīš nūsabeida, nūsvīde kozys uodys cymdus i viedekli i kai aizsauts īskrēja atpakaļ tymsā.

Alise pacēle viedekli i cymdus, i, tai kai zalā beja gona korsts, suoce vādynuot, pi seve runojūt: „Trokums! Cik sovaidys dzelys šudiņ nūteik! Voi es varieju pa nakti puorsameit? Laidit padūmuot – voi es beju taida poša, kod šudiņ pīsacieļu nu reita? Maņ redzīs, ka es nasajutu tai kai niule. A, ka es naasmu vairs tei poša, tod kas es vyspuor varātu byut? O, *kaida* breineiga meikle!" Tod jei suoce dūmuot par vysom sova vacuma pazeistamajom meitinem, kab saprast, voi jei nav koč kura nu jūs.

„Es asmu drūsa, ka es naasmu Ada", jei saceja, „deļ tuo ka jai ir gari i sprūgaini moti, a munejī ni trupeiti nasaskruļļoj. I es asmu drūsa, ka naasmu Meibla, deļ tuo ka es zynu tik daudz, cikom jei zyna tik moz! Tod – *jei* ir jei i *es* asmu es. I, troks var palikt, cik itys vyss ir saregžeitai! Es niule raudziešu īguoduot vysu, kū es da šuo zynovu. Tai – četri reiz pīci ir divpadsmit, i četri reiz seši ir treispadsmit, i četrreiz septeni ir – kaidys šausmys! Es tai nikod natikšu da divdesmit! A reizynuošonys tabula nikuo nanūzeimoj, raudzeišu ar geografeju. Londona ir Parizis golvyspiļsāta, a Parize ir Ruomys golvyspiļsāta, i Ruoma – nā, *itys* vyss ir napareizi. Nanūlīdzami! Es nūteikti asmu puorsamejuse par Meiblu! Paraudzeišu puorbaudeit, voi es zynu „*Kai dora mozuo –*", i jei salyka rūkys kliepī, kaiba jei byutu školā, i raudzeja itū nūskaiteit, a juos bolss beja sovaids i aizsmacs, i vuordi guoja uorā na taidi, kaidim tim beja juobyun:

„*Kai dora krokodilāns mozs,*
   Kab sovu asti pūst,
   Tys kotru zveiņu prūtās rūst,
      Ar leluos Nilys iud'ņa luoss.

„*Kai prīceigi jis smaida,*
   Kai kuoreigi jis izpleš nogus,
   Jis cīmā mozys zivs tod gaida
      I maigi taisa žūkļus sovus."

„Es asmu drūsa, ka tī nav eistī vuordi," saceja naboga Alise, i juos acs pīsapiļdeja ar osorom, i jei turpynova, „es teišom asmu Meibla, i maņ byus juoīt i juodzeivoj tamā saspīstajā sātā, i maņ nabyus monta, ar kū kaitavuot, i maņ byus daudz juosavuica. Nā, asmu izdūmovuse – ka es asmu Meibla, tod es palikšu ite lejā! I nivīnam nabyus jāgys buozt itymā caurumā golvu i saukt: „Kuop augšā, meiluo!" Es patiemiešu augšyn i saceišu: „Tod pasoki, kas es asmu! Pasok maņ tū pa paprīšku i tod, ka byušu tei, kas gribiešu byut, izleisšu, ka nā, tod palikšu lejā, cikom otkon puorsameišu par kū cytu" – nā, ak, šausmys!" raudova Alise ar piešku osoru straumi, „es *grybātu*, kab kaids pabuož golvu zamyn! Es asmu tik pīkususe ite, lejā, byut vīna!"

Kod jei tū beja pasacejuse, jei patiemēja iz sovu rūku i īraudzeja, ka, cikom runova, jei beja apmaukuse vīnu nu truša boltūs kozys uodys cymdu. „Kai es itū asu *variejuse* izdareit?" jei dūmova. „Es laikam otkon asmu sasaruovuse mozuoka." Jei pīsacēle i daguoja pi stykla golda, kab puorbaudeitu sovu gorumu i izaruodēja, ka jei vaira nabeja garuoka par pusmetru, i jei turpynova gona mundri sasaraut i tuoļuok. Dreizai jei atkluoja, ka sasaraušonys vaininīks ir viedeklis, kurū jei tamā pat šaļtī nūsvīde, cytaiž jei byutu sasaruovuse da ūda leluma.

„Tei *beja* izagluobšona pādejā šaļteņā", Alise beja nūskumuse i nūsabeiduse par sovom mudrajom puormejom, a tod suoce prīcuotīs, ka nav saguojs vēļ trokuok. „I niule iz suodu!" I jei skrēja, cik mudri varēja iz mozūs durovu pusi, nā, ak, šausmys! Durovys beja aizslāgtys i atslāgs otkon beja iz stykla golda. „Niule vyss ir slyktuok kai beja," dūmova naboga bārns, „deļ tuo ka es vēļ nikod nabeju itik moza, nikod! Tys ir tik šausmeigi!"

Kai jei beja pasacejuse itūs vuordus, juos kuoja pasleidēja i plunkš! Jei beja da zūda īkrytuse suolejā iudinī. Nu suoku jei dūmova, ka tei ir jiura, taidā gadīnī, es varu grīztīs

atpakaļ ar viļcīni, jei pi seve nūdūmova. (Alise tik reizi sovā
dzeivē beja bejuse pi jiurys, i jai roduos sapratīņs, ka sevkurā
Angļejis pludmalē ir mauduošonuos mašynys, bārni, kas ar
kūka luopsteņom kosa smiļts, tuoļuok krostā – vasala aile
sātu i aiz jūs – dzeļžaceļa staceja.) A dreizai jei saprota, ka
tys ir juos osoru prūds, kurū jei paspēja pīrauduot, cikom
beja treis metri lela.

„Kab es nabyutum tik daudz raudovuse!" saceja Alise,
cikom muove pa riņči, raudzeidama atrast vītu, kur izleist
krostā. „Es niule nūsleikšu sovuos osoruos. Tei *byus* napa-
rosta līta, tys gon! A taidys ir vysys lītys šudiņ!"
Taišni tod jei dzierdēja pļyuški iudinī napatuoli nu seve i
muove iz tū pusi, kab radzātu, kas tys beja. Suokumā jai
redzējuos, ka tys varātu byut vaļs voi gipopatams, bet kod jei
īguoduoja, cik jei ir moza, jei saprota, ka tei ir pele, kas ari
īkrytuse prūdā.
„Voi byutu kaida jāga niule suokt runuot ar tū peli? Vysys
lītys ir tik sovaiduokys ite, ka es dūmoju, ka jei varātu prast
runuot, sevkurā gadīnī nikas slykts nanūtiks, ka raudzeišu."
I jei saceja: „Ak, Peleit, voi tu zini ceļu uorā nu ituo prūda?

Es jau tik daudz asmu nūmuovuse, ka suocu pīkust, ak, Peleit!" (Alise dūmova, ka itys ir pareizs veids, kai runuot ar peli. Jei gon tū nikod nabeja darejuse agruok, a īguodova, ka bruoļa gramatikys gruomotā beja redziejuse: pele – pelis – pelei – peli – o, pele!). Pele patiemēja iz juos, i redzējuos, ka jei damīdz ar vīnu nu sovu mozūs ocu, a runuot jei narunova. „Īspiejams, ka jei nasaprūt munys volūdys," Alise sprīde, „tei varātu byut fraņču pele, kas tykuse ite kūpā ar Viļjamu Īkaruotuoju." (Alisis viesturis zynuošonys gon nadeve jai skaidru redzīni par tū, kod i cik seņ tys varēja nūtikt.) I Alise otkon saceja: „Où est ma chatte?", tys beja pyrmais teikums fraņču losomajā gruomotā. Pele kruši pasalēce nu iudiņa i izavēre cīši nūsabeiduse. „Es cīši atsavainoju," steidzeigi īsasauce Alise, nūsabeiduse, ka aizvainova mozū dzeivnīceņu: „Es dīvamžāļ damiersu, ka jums napateik kači."

„Maņ napateik kači?!" Pele klīdze sirdeigā bolsā, treisādama nu baiļu: „Voi *tev* patyktu kači, ka tu byutu es?"

„Es dūmoju, ka nā," saceja Alise mīrynūšā tūnī, „bet, lyudzu, nasasirdi. I es cīši grybātum tevi īpazeistynuot ar sovi kačīni Dinu. Es asmu drūsa, ka tev īsapatyktu kači, kod tu jū īraudzeitu. Jei ir tik meila radeibeņa," Alise turpynova runuot pa pusei sev, deļ tuo, ka jei vysu laiku muove apleik prūdam, „i jei murroj pi guņs i laiza sev depis, i mozgoj austenis i byudus, i jū ir tik breineigai paijuot, i jei ir tik loba peļu giušonā – ak, vēļreiz atsavainoju!" īsaklīdze Alise, deļ tuo ka itū reizi Pele beja da nuovis nūsabeiduse i kotra spolva juos kažukā beja sasacāluse nu bailis. „Mes vairuok narunuosim par kačim, ka tu nagribi."

„Mes narunuosim!" Pele klīdze, treisādama da poša astis galeņa. „Kaiba *es* byutu runuojuse par itū tematu! Myusu saime vysod ir *īneiduse* tik zamyskus, rībeigus, ļaunus radejumus! Kab es par jim vaira ni vuorda nadzierdātum!"

„Es napīminiešu," saceja Alise i lelā dreizumā raudzeja nūmaineit temu. „Voi – voi tev pateik – suni?" Pele naat-

biļdēja, deļ tuo Alise turpynova: „Napatuoli nu myusu sātys
ir vīns tik breineigs suneits, es grybātum tev jū paruodeit!
Mozeņš terjers, ar spūdrom acteņom, nu, tu saprūti, ar garu,
skruļļainu i bryunu spolvu! I jis giun līts, kod tu jam juos
svīd, i jis muok apsastuot iz pakalis kuoju i praseit sev
pušdīnis, jis muok tik daudz, ka navaru izstuosteit pat pusi
nu ituo. Suneits pīdar sābru fermerim, i, zini, jis soka, ka jis
ir cīši nūdereigs i ari cīši duorgs – ap symtu mārceņu! I jis
soka, ka suņs nūgalynoj ratastis i pe – ak, šausmys!" turpy-
nova Alise pīdūšonu ļyudzūšā bolsā, „es otkon aizvainovu
Peli!" Deļ tuo, ka tamā šaļtī pele muove nu juos paceli tik
mudri, cik varēja i sacēle viļņus osoru prūdā.

Tod Alise sauce maigā i pīkluojeigā bolsā: „Peleit, meiluo!
Ļyudzu, grīzīs atpakaļ, mes vaira narunuosim ni par kačim,
ni par sunim, ka tev jī napateik!" Kod Pele tū izdzierda, jei
apsagrīze i lieneišom muove atpakaļ, koč juos purneņš vēļ
beja gona buols (nu sirdiešonuos, tai Alise dūmova), i jei
saceja vuorgā, klusā bolsā: „Sasatiksim krostā, tod es tev
pastuosteišu, deļ kuo es navaru cīst ni kačus, ni suņus."

Tys beja pādejais laiks, kab mautu iz krostu, deļ tuo ka prūds pa itū laiku jau beja pylns ar putnim i zvārim, kuri beja pasleidiejuši i īkrytuši jimā: tī beja Peilāns i mylzu putnys Dodo, Australejis papagaiļs Lorejs i Ierglāns, i vēļ nazkaidi cyti radejumi.[1] Alise muove pa prīšku, ruodeidama ceļu iz krostu i vysi jai sekova.

---

1 Kai komentej Luisa Kerola pietnīks Martins Gārdners, tod angļu volūdā *Duck* ir saeisynuojums nu *Duckworth, Lory* – vacuokuo nu muosu Lideļu (*Lorina*), kas ir ari Alisis varūņu prototipi, *Eaglet* – Alisis Lidelis jaunuokuo muosa *Edith, Dodo* – pats L. Kerols. Dodo (*Raphus cucullatus*) – ir bolūžu dzymtys nalidojūšs putnys, kas dzeivuojs Mauricejis solā Indejis okeanā, izmirs nu 17. godu symta beigu.

III NŪDAĻA

Prīškvieliešonu skriejīņs i garais stuosts

Krostā beja sasapuļciejs sovaida paskota bors: putni dubļainom spolvom, zvāri saļypušim kažukim, vysi beja izmierkuši da uodys, jutēs sirdeigi i naomuleigi.

Pyrmuo dūma, prūtama līta, beja par tū, kai palikt sausim. Jim beja gara saruna par tu, i Alise pisavīnova sarunai tai, kaiba pazeitu tūs zvārus i putnus pusdzeivis. Jai beja nūpītna saruna ar Loreju, kurais golu golā sasabūze i saceja: „Es asmu vacuoks kai tu, tai ka es jau nu zynuošu lobuok." Itys naapstuodynova Alisi, deļ tuo ka jei pat nazynova, cik vacs jis ir, i, kod Lorejs laipnai atsasaceja pasaceit sovu vacumu, tī vaira nabeja par kū runuot.

Beigu golā Pele, kura izavēre kai autoritate jūs vysu vydā, īsasauce: „Dasasiestit i pasaklausit mani! Es mudri *padareišu* jius vysus gona sausus!" I vysi kai vīns sasasāda lelā riņčī, Pele beja vydā. Alise napacīteigom acim vērēs iz Peli,

25

deļ tuo ka juta – ka jei mudri napaliks sausa, tod nūteikti dabuos īsnu.

„Tai!" saceja Pele svareigā bolsā. „Voi jius vysi asat gotovi? Itei ir vyssausuokuo līta, kū es zynu. Klusumu, lyudzu!

„Viļjams Īkaruotuojs, kura darbeibys tyka atbaļsteitys nu pāvesta pusis, mudri tyka pījimts pi angļu, kuri gribēja vodūni i beja pīroduši pi uzurpiešonys i uzvarys. Mersejis grafs Edvins i Nortrambejis grafs Morkars –""

„Fui!" saceja Lorejs nūsadrabynuodams.

„Es atsavainoju," saceja Pele dryumi, bet cīši pīkluojeigi, „voi jius kū sacejot?"

„Es nā!" steidzeigi atbiļdēja Lorejs.

„Maņ izalyka, ka sacejot gon," saceja Pele, „es turpynuošu.

„Edvins i Morkars, Mersejis i Nortrambejis grafi, ari atbaļsteja jū, i pat Staigends, patriotiskais Kenterberejis arhiveiskups, atroda tū par pruoteigu –""

„Atroda kū?" vaicuoja Peilāns.

„Atroda tū," atsaceja Pele, „jius tok zinit, kū „tys" nūzeimoj."

„Es labi zynu, kū „tys" nūzeimoj, kod es pats atrūnu koč kū," saceja Peilāns. „Īrostai tuos ir vardivis i tuorpi. Vaicuojums ir, kū tod atroda arhiveiskups?"

Pele pat napamaneja ituo vaicuojuma i steigā turpynova: „"" – atroda par pruoteigu, ka jam juoīt kūpā ar Edgaru Atelingu pi Viļjama pīduovuot jam krūni. Viļjama izavesšona nu suoku beja mīreiga, a juo normaņu nakauneiba –" Kai tev īt, meiluo?" jei turpynova, pasagrīžūt iz Alisi.

„Tikpat slapni, kai pyrma ituo," skumeigai saceja Alise. „Naizaver, ka itys padareitu mani sausuoku."

„Taidā gadīnī," saceja Dodo, lānai caldamīs kuojuos, „tod es puortraucu itū sapuļci i prosu juos saturu nasakavejūt nūvierzeit iz dūmuošonu par energiskuokim slapņuma pretleidzeklim –"

„Runoj sakareiguok!" saceja Ierglāns. „Es nazynu nūzeimi
pusei nu itūs garūs vuordu i natycu, ka tu pats zini!" I
Ierglāns nūlīce golvu, kab nūslāptu smaidu, cyti putni
dzierdamai kikinuoja.

„Tys, kū es gribieju pasaceit," saceja Dodo aizvainuotā
bolsā, „ir tys, ka lobuokais veids palikt sausim ir kūpeigs
prīškvieliešonu skriejīņs."

„Kas ir prīškvieliešonu skriejīņs?" vaicova Alise na deļ tuo,
ka jei tik cīši tū grybātu zynuot, a Dodo īturēja taidu pauzi,
kaiba *kaidam* byutu juorunoj, a puorejim nabeja nūslīcis iz
runuošonu.

„Ak," saceja Dodo, „lobuokais veids, kai tū izskaidruot, ir
tū paraudzeit."(I tai kai jius kaidā zīmys vokorā gribēsit
paraudzeit poši, es jums izstuosteišu, kai Dodo tū izdareja.)

Nu suoku jis izzeimēja saceņseibu laukumu leidzeigu
riņčam („Precizai formai nav nūzeimis," jis saceja), i tod
vysa burzme puorsacēle sūpluok laukumam. Tī nabeja
nikaida „Vīns, divi, treis, i aizīt!" a jī suoce skrīt, kod jim
gribējuos, i apsastuoja kod gribējuos. Tai ka nabeja vīglai
saprast, kod saceikstis ir beigušuos. Lai kai tī byutu, kod jī
jau beja sasacantuši ap pusstuņdi, i beja jau sausi, Dodo
nagaideitai īsasauce: „Saceikstis ir golā!" i vysi saskrēja jam
apļeik, alsdami i vaicuodami: „Kurs tod golu golā ir uzva-
riejs?"

Iz itū vaicuojumu Dodo navarēja atbiļdēt bcz lobys
padūmuošonys, i tai jis sēdēja ilgu laiku, ruodeituoja pierstu
dadyurs pīrei (pozā, kaidā jius parosti karteņuos redzit
Šekspiru), cikom puorejī gaideja klusumā. Golu golā Dodo
saceja: „*Vysi* ir uzvariejuši, i vysim juobyun apbolvuotim."

„I kurs ta mums tuos bolvys dūs?" puors bolsi vīnā vaicova.

„Kai – *jei*, saprūtams," saceja Dodo, ruodeidams ar pierstu
iz Alisi, i vyss bors par reizi sasalaseja ap Alisi i klīdze vīns
par ūtru skaļuok: „Bolvys! Bolvys!"

Alisei nabeja ni mozuokuos saprasšonys, kū dareit, i izmisumā jei īlyka rūku kārmanā, i izvylka kasteiti kampetu (paļdis Dīvam, suolejais iudiņs nabeja tics jamā īškā), i suoce daleit kampetys kai bolvys. Kasteitē beja taišni pa vīnai kotram.

„Bet jai pošai ari dasaīt bolva," saceja Pele.

„Saprūtams," Dodo atbiļdēja zamā bolsā. „Kas vēļ ir tovūs kārmanūs?" jis turpynova, pīsagrīžūt Alisei.

„Viņ izpierkstiņs," skumeigi saceja Alise.

„Padūd jū maņ," saceja Dodo.

Tod vysi otkon sasapuļcēja riņčeitī ap Alisi, cikom Dodo svineigi īdeve izpierkstini, sokūt: „Mes lyudzam jius pījimt itū elegantū izpierkstini"; i kod jis pabeidze sovu eisū runu, vysi aizgavilēja.

Alisei vyss itys izalyka absurds, a vysi izavēre tik nūpītni, ka jai beja kauns smītīs, i jei, tai kai nikas naguoja pruotā, kū pasaceit, vīnkuorši pasaklaneja i pajēme izpierkstini, izaverūt tik svineigi, cik viņ varēja.

Tuoļuokais – beja juoapād kampetys – itys radeja trūksni i apjukumu, tai kai lelī putni syudzējuos, ka navarēja izgaršuot sovejuos, a mozī aizareja i beja dauzomi pa mugoru. Kai bejs nabejs, vyss beidzūt beja golā, vysi otkon sasasāda riņčeitī i ļyudzēs, kab Pele pastuosta vēļ koč kū.

„Tu apsūleji maņ pastuosteit sovu stuostu, voi zini," saceja Alise. „I tū, deļ kuo tu navari cīst – K. i S." jei turpynova čukstus, beidamuos, ka jei otkon var aizvaiņuot Peli.

„Tys ir gars i skumeigs stuosts!" saceja Pele, pasagrīžūt pret Alisi i nūsapyušūt.

„Tys nūteikti *ir* gars stuosts," saceja Alise, verūtīs iz Pelis asti ar izbreinu, „a deļ kuo jis ir skumeigs?" I Alise

turpynova lauzeit golvu par Pelis asti, par kū tei varēja byut
skumeiga, cikom Pele runova, tai ka nu stuosta par asti
varēja saprast viņ ap itū:

„Kačs pelei
  saceja, Kū
    sātā
      redzēja:
        „Īsim tīsā
          mes, tevi
            īsyudzie-
            šu es.—
          Tu na-
         vari sa-
        ceit nā,
       Izškiers
      myusus tīsā;
     Tyci, maņ
    cyts nav
    doroms
    šudiņ
    nikas."
    Īsuoc
      pluškam
        pele:
          „Tei ir
            myusu
              daļa,
                Bez tīs-
                neša
                i tīsuo
              tuoju
            jāgys
          nav."
         „Es
       tīsuo-
      tuojs
      tev
      byu-
      šu,
       i
       tīs-
         ness
           ari
             kļiu-
               šu.
                Kačs
            viļ-
           teibā
        šņuoc:
       „Tev
     mierti
    laiks
  jau!"

„Tu tak naesi ite!" stingrai saceja Pele. „Par kū tu dūmoj?"

„Es atsavainoju," cīši pazemeigi atsaceja Alise, „jius jau paspiejot tikt da pīktuo astis pūsma?"

„Nā, *na*paspieju," Pele atklīdze sirdeigi i osi.

„Naatsasiejot?" saceja Alise, kas vysod gribēja byut nūdereiga, i vērēs iz jū napacīteigi: „Es paleidziešu atsasīt!"

„Es vairuok nikuo nadareišu," saceja Pele, īmūt pa celi, „tu mani aizvainovi, runojūt itaidys glupeibys!"

„Es tai nagribieju," aizabyldynova Alise. „Bet tevi gon ir vīgli aizvainuot, voi zini!"

Pele tik nūryuce atbiļdis vītā.

„Lyudzu, ej atpakaļ i pabeidz sovu stuostu!" Alise sauce jai pakaļ, i puorejī vīnā bolsā pīsavīnova: „Nui, lyudzu, dorit tai!" A Pele viņ naīcīteigi nūkrateja golvu i suoce īt drupeit mudruok.

„Cik žāl, ka jei napaļyka!" nūsapyute Lorejs, kod Pele jau nabeja vaira radzama, i vacuo Krabīne izmontova vareibu pasaceit sovai meitai: „Redzi, meiluo muna! Lai tei tev ir muoceiba nikod napagaisynuot *sovu* pacīteibu."

„Turi muti, mam!" jei saceja nadaudz osai. „Tu varātu izvest nu pacīteibys pat nabašnīku!"

„Es tai grybātum, lai muna Dina ir ite, paeistam!" Alise saceja skaļi, nauzrunojūt nivīna taisnai. „Jei mudri viņ Peli nugiutu i atvastu atpakaļ!"

„I kas taida ir Dina, ka es varu atsaļaut vaicuot?" saceja Lorejs.

Alise dedzeigi atbiļdēja, deļ tuo ka jei vysod beja gotova runuot par sovu lutekli: „Dina ir myusu kačīne. I jei ir tik loba peļu giušonā, ka navarit īsadūmuot! I kai es grybātum, lai redzit, kai jei medej putnus! Jei var apēst mozu putneņu, kai viņ jū īrauga!"

Itei runa radeja īvāruojamu satraukumu bora vydā. Daži putni bāga paceli, vīna nu vacūs Žogotu suoce cīš pīsardzeigai rūstīs, dasokūt: „Maņ teišom jau juosataisa iz sātu, nakts gaiss nav eisti veseleigs munam koklam!" I Kanareju putneņš sauce treisūšā bolsā sovim bārnim: „Īmam, muni meilī! Jau ir vāls, jums juobyun guļteņuos!" Tai, vysaidus īganstus saceidami, vysi aizguoja, i Alise palyka vīna. „Ai, koč es nabyutu pīminiejuse Dinu!" jei saceja poša sev cīši skumeigā bolsā. „Izaver, ka ite lejā jei nivīnam napateik, a es asmu puorlīcynuota, ka jei ir lobuokuo kačīne pasaulī! Ak, muna meiluo Dina! Es tik dūmoju, voi vēļ koč reizi tevi redziešu!" I te naboga Alise otkon suoce rauduot, deļ tuo ka jei sasajuta cīši vīntuļa i vuoja. Lai nu kai, piec kaidys šaļts jei otkon dzierdēja sūļu skani nu tuolīnis, i vērēs tymā vierzīnī ar napacīteibu, cerūt, ka tei byus Pele, kas byus puordūmovuse i atīs, kab pabeigtu sovu stuostu.

IV NŪDAĻA

Truss izreikoj mozū Bilu

Jys beja Boltais Truseits, kas lānim rikšim laidēs atpakaļ, i vērēs vysur viereigi, tai kai byutu koč kū pagaisynovs, i Alise dzierdēja jū murmynojam: „Hercogīne! Hercogīne! Ak, munys depeitis! Ak, muna spolva i ūsys! Jei mani nūstruopeis, tys ir skaidruoks par skaidru! Kur es *varieju* jūs pagaisynuot?" Alise iz reizis saprota, ka jis vaicoj viedekli i boltūs cymdus, i jei, loba grybādama, ari suoce jūs vaicuot, a jī nikur nabeja radzami – izaļyka, ka vyss ir izamainiejs nu tuos šaļts, kod jei muove osoru prūdā, i lelais zals ar stykla gaļdeņu i mozojom duraveņom beja pagaisuši pavysam.

Cīši mudri Truss pamaneja Alisi, kura beja vaicuojumūs, i izklīdze jai sirdeigā bolsā: „Ak, Marija Anna, kū tu te *dori*? Skrīņ iz sātu i pajem maņ cymdu puori i viedekli! Nu, aizīt!" I Alise beja tik nūsabeiduse, ka suoce skrīt Truša nūruodcitajā vierzīnī, pat naraugūt jam izskaidruot, ka jis ir puorsaskatejs.

33

„Jis padūmova, ka es asmu juo sātys kolpyune," jei saceja sev, cikom skrēja. „Cik puorsteigts jis byus, kod izzynuos, kas es asmu! A niule es lobuok nūnesšu jam cymdus i viedekli – tys ir, ka variešu jūs atrast." Kai viņ jei tū beja pasacejuse, jei tyka pi mozys i kuorteigys sietenis durovu, iz kuru beja speideiga miseņa pluoksne ar īgravātu uzrokstu „B. TRUSS".

Jei īguoja īškā bez klaudzynuošonys i suoce skrīt augšā pa trepem, beidamuos, ka varātu satikt eistū Mareju Annu i byut izdzeita nu sātys, cikom jei nav atroduse cymdus i viedekli.

„Cik sovaiži tys izaruoda," Alise saceja poša sev, „sajimt reikuojumus nu truša! Tai viņ redzīs, ka nuokušuo koč kam pakaļ mani syuteis Dina!" I jei suoce īsadūmuot, kai tys varātu nūtikt: „„Alisis jaunkuņdze! Ejit šur par reizi i sasagatavejit pastaigai!" „Byušu piec minutis, viņ dasavieršu, kab pelis nateik uorā!" Viņ es nadūmoju," Alise turpynova, „ka jī ļautu Dinai palikt sātā, ka jei suoktu itai izreikuot cylvākus!"

Ap itū laiku jei jau beja atroduse ceļu iz mozu i cīš kuorteigu ustabeņu ar goldu pi lūga, i iz tuo (taišni tai kai jei beja ceriejuse) beja viedeklis i divi ci treis puori boltu smolk-uodys cymdu. Jei pajēme viedekli i cymdus i jau taisejuos atstuot ustobu, kod īraudzeja mozu buteleiti sūpluok spīgeļam. Iz buteleitis nabeja uzroksta „IZDZER MANI", a Alise tai voi tai tū attaiseja i pīlyka pi lyupu. „Es zynu, ka *koč kas* interesants nūtiks," jei saceja sev, „kod es izdzeru voi apādu koč kū ite, tai ka pasavērsim, kū itei buteleite dora. Es ceru, ka jei maņ ļaus izaugt otkon lelai, deļ tuo ka es jau asmu pīkususe byut tik mozeņa!"

I tys nūtyka, i pat daudz mudruok, nakai jei cerēja – pyrma jei beja tykuse butelei da pusis, juos golva jau spīdēs sietenis grīstūs, i jai vajadzēja pīsalīkt, kab nanūlauzt kokla. Jei steidzeigi nūlyka buteleiti, sokūt sev: „Tys nu byutu gona, es nagrybātum izaugt vēļ vaira. A pat niule es navaru

tikt uorā pa duraveņom! Ak, koč es nabyutu tik daudz izdzā-
ruse!"

Ak vai! A beja jau par vālu! Jei turpynova augt i augt, i
mudri jau jai vajadzēja ruopuot pa greidu. Cytā minutā jau
nabeja vītys ari tam, i jei ceņtēs nūsaguļt ar alkūni pret
durovom, i ūtruo rūka apsatyna jai ap koklu. A jei taipoš
turpynova augt i, kai pādejū gluobīni vaicojūt, jei izbuoze
rūku pa lūgu i kuoju pa škūrstynu, i saceja sev: „Niule es
vaira nikuo navaru padareit. Kas niule ar mani *nūtiks?*"
Alisei par laimi magiskuos buteleitis īdarbeiba izabeidze i
jei vaira naauga leluoka. A vīnolga tys beja cīš naārtai, i tai
kai nabeja radzama nikaida cereiba, ka jei nazkod tiks uorā
nu ustobys, saprūtams, jei suoce skumt.

„Sātā beja daudz lobuok," dūmova naboga Alise, „kod es
naaugu vyslaik leluoka voi mozuoka, i maņ nadeve pavēlis
pelis i truši. Es gondreiž voi grybātum, ka es nabyutu
kuopuse truša olā – a niule – niule – cik nagaideitai, taida
dzeive ir gona naparosta! Es teišom asmu puorsteigta, ka tys
var nūtikt ar mani! Kod es skaiteju puorsokys, es dūmovu,
ka taidys lītys eistineibā nanūteik, i nu ite es asmu vīnai
taidai lītai pa vydam! Juobyun gruomotai, kas byus
pīraksteita par mani, juobyun! I kod es izaugšu lela, es taidu
pīraksteišu – a es jau asmu izauguse lela," jei dasaceja
skumeigā bolsā, „nu vysmoz *ite* vaira nav vītys, kur maņ augt
tuoļuok."

„A pagaidit," dūmova Alise, „tod saīt, ka es vaira napalikšu
vacuoka? Tys byutu labi nu vīnys pusis – *nikod* napalikt par
vacu babeņu, a nu ūtrys pusis – vysu laiku īt školā! Ai, kai
maņ *tys* napatyktu!"

„Ak, tu glupuo Alise!" jei atbiļdēja poša sev. „Kai gon tu
vari vuiceitīs ite? Ite knapi pīteik vītys *tev* vīnai, kur vēļ
tovom gruomotom!"

I tod jei suoce apdūmuot vysu nu vīnys i ūtrys pusis, nu tuo vysa izaveidova gondreiž voi saruna, a puors minutu vāluok jei izdzierda bolsu i apklusa.

„Mareja Anna! Mareja Anna!" saceja bolss: „Atnes maņ cymdus itamā pat šaļtī!" tod jei dzierdēja sūļu skaņu iz trepu. Alise zynova, ka tys ir Truss, kas īt jū vaicuot, i jei suoce treisēt, cikom suoce krateitīs vysa sāta, jei pat beja damiersuse, ka niule jei beja tyukstūš reizis leluoka par Trusi, i jai nabeja īmesļa juo beitīs.

Piec nalelis šaļtenis Truss tyka pi durovu i raudzeja juos attaiseit, a tai kai durovys taisejuos vaļā iz īšku, i Alisis alkiuņs mīdze juos atpakaļ, deļ tuo durovys attaiseit nabeja varams. Alise dzierdēja, kai jis soka pi seve: „Tod es īšu apleik i īleisšu pa lūgu."

„Tuo tu naizdareisi,"nūdūmova Alise, i piec tuo, kai jei tū beja izatāluojuse, jei dzierdēja Truša bolsu zam lūga, jei nagaideiti izplēte rūku i raudzeja koč kū sagiut gaisā. Jei nikuo naaizsnīdze, a dzierdēja mozu klīdzīni i kritīņa skaņu,

i trūksni nu dustūša stykla, nu kuo jei izsprīde, ka nazkas
varēja īkrist ogūrču syltumneicā voi koč kur leidzeigā vītā.

Tuoļuokaıs, kū jei izdzierda, beja sirdeigs bolss – Truša
bolss: „Patrik! Patrik! Kur tu esi?" I tod bolss, kuru jei nikod
nabeja dzierdiejuse: „Saprūtams, es asmu ite! Mekleju
uobeļus, jiusu augsteiba!"

„Meklej uobeļus, teišom!" saceja Truss sirdeigi: „Ej šur, i
paleidzi maņ ar *itū*!"(Nūskanēja nazcik saduzušu stykla
gobolu.)

„Tān pasoki maņ, Pat, kas ir tys lūgā?"

„Tei nūteikti ir rūka, jiusu augsteiba." (Jis tū izrunova kai
rrrūka.)

„Rūka, tu zūss! Kurs gon ir redziejs taida izmāra rūku? Deļ kuo jei aizjam vysu lūgu?"

„Saprūtams, jiusu augsteiba. Bet tei vīnolga ir rūka."

„Lai nu kai, tai rūkai te nav kuo dareit, nūej i aizvuoc jū paceli!"

Piec ituo īsastuoja ilga klusuma strāče, i Alise viņ dzierdēja jūs čukstam koč kū: „Saprūtams, maņ tei rūka napateik, jiusu augsteiba, napavysam!" „Dori tai, kai es soku, zača postola!" Beigu beiguos Alise otkon izplēte rūku i otkon raudzeja koč kū sagruobt gaisā. Niule jei izdzierda *div* mozus klīdzīņus i otkon duztūšu styklu skaņu. „Cik gon ogūrču syltumneicu tī ir!" dūmova Alise. „Interesanti, kū jī dareis tuoļuok! Ka jī raudzeis izviļkt mani pa lūgu, es *ceru*, ka jim itys izadūs! Es asmu piļneigi puorlīcynuota, ka nagrybu te vaira palikt!"

Jei gaideja kaidu laiku, nadzierdūt vaira nikuo. Tod jei izdzierda rotu trūksni i lobu daudzumu bolsu, kurī koč kū runova. Nu tuo vysa jei saprota viņ: „Kur ir ūtrys trepis? – Es nazynu, maņ pasaceja pajimt viņ vīnys; Bilam ir ūtrys. – Bilam! Pīslīn juos ite, kuop! – Ite, pīslīn itymā styurī! – Nā, sasīņ juos kūpā nu suoku – juos pagaidom nav gona augši! – Ai, juos taipoš labi stuov, naesi pīkaseigs! – Iz teni, Bil! Pajem viervis golu! – Jumts izturēs? – Varbyut kaidu daksteņu i pagaisynuosi. – Tys kreit lejā! Sorgojit golvys!" (skaļš trūksnis) – „Tai, kurs itū izdareja? – Tys beja Bils, es dūmoju! – Kurs kuops zamyn pa škūrstynu? – Nā, es nā! *Tu* tū vari izdareit! – Tod es ari nadareišu! – Bilam juokuop zamyn! – Ej šur, Bil! Saiminīks soka, ka tev juokuop zamyn pa škūrstynu!"

„Ak, tod Bils kuops zamyn pa škūrstynu," saceja Alise poša sev. „Kauns, izaklausa, ka vyss juodora Bilam! Es nagrybātum ni par kū byut juo vītā – škūrstyns ir šaurs, saprūtams, a es *dūmoju*, ka es varu paspert ar kuoju!"

Jei ībuoze kuoju tik dzili škūrstynā, cik varēja, i gaideja, cikom izdzierda mozu zvviereņu (jei navarēja saprast, kaids eisti dzeivinīks jis beja) skrybynojamīs i kūžamīs pa škūrstynu, viers juos kuojis. Tod jei saceja sev: „Tys ir Bils," tod jei paspēre ar kuoju i gaideja, kas byus tuoļuok.

Pyrmuo līta, kū jei dzierdēja, beja, ka vysi vīnā bolsā saceja: „Pasaverit, redz kur Bils!" Tod jei dzierdēja Truša bolsu – „Nūgiuņ jū, tu, tī pi žūga!" tod klusums, i tod cyti apjukuši bolsi: „Turit juo golvu! – Brendeju niule! – Nadūdit jam aizareit – Kai ir, vacais draugs? Kas ar tevi nūtyka? Pastuosti!"

Beiguos vuorgs i čīpstūšs bolss īsarunova („Tys ir Bils," nūdūmova Alise). „Gryuši pasaceit – nā, paļdis, vaira nā – maņ jau ir lobuok, bet es asmu par daudz sasatraucs, kab pastuosteitu – vīneigais, kū es zynu, ka koč kas maņ guoja viersā ar aumūni, i es izlidovu kai gaisa rakete!"

„Tai ari izavēre, draugs," saceja puorejī.

„Mums juonūdadzynoj sāta!" saceja Truša bolss, i Alise bļuove, cik bolsā varēja: „Ka tu tai izdareisi, es tev izreideišu Dinu!"

Par reizi īsastuoja kopa klusums, i Alise pi seve nūdūmova: „Interesanti, kū gon jī *dareis* tuoļuok! Ka jim byutu koč kaida sajāga, tod jī nūjimtu jumtu." Piec minutys voi diveju jī otkon suoce rūseitīs, i Alise dzierdēja Trusi sokom: „Apbērsim, suoksim ar jū."

„Ar *kū* ta jī taisuos apbērt?" dūmova Alise, tok ilgi juodūmoj nabeja, deļ tuo ka piec breiža ūļu leits suoce krist car lūgu, nazcik nu jūs sytuos pret juos seju. „Es itam dalikšu punktu," jei saceja poša sev i īsabļuove. „Jius lobuok vaira tai nadorit!", kas otkon radeja kopa klusumu.

Alise ar izbreinu pamaneja, ka ūli suoc puorsameit par mozim torta gabalenim tīpat, kur beja nūkrytušs, i Alisei pruotā īskrēja dūma: „Ka es apiesšu vīnu nu torta gabaleņu," jei dūmova, „itys nūteikti vysmoz *koč kai* puormeis munu augumu, i tai kai, redzīs, leluoku mani vaira navar padarēt, tod maņ juopalīk mozuokai."

Tai jei apēde vīnu torta gabaleņu i par reizi suoce palikt mozuoka. Cikom jei palyka gona moza, kab izleistu uorā pa durovom, jei izskrēja uorā nu sātys i atroda samārā lelu zvāru i putnu pulku sātys prīškā. Naboga mozais škierzlateņš Bils beja vydā, i jū turēja divi jiurys cyucenis, kas deve jam nazkū pasadzert. Jī vysi suoce rūseitīs ap Alisi, kai viņ jei izguoja nu sātys, a jei bāga paceli tik labi, cik varēja, i mudri atroda patvārumu bīzā mežā.

„Pyrmuo līta, kas maņ juodora," saceja Alise poša sev, cikom maļdejuos pa mežu, „juoizaug da sova eistuo auguma, i tod juoatrūn vuorteni tymā breineigajā puč*u suodā. Es dūmoju, ka tys ir lobuokais plans."

Plans izaklauseja ideals, bez švuorbu, i cīši kuorteigi i vīnkuorši izdūmuots; vīneiguos gryuteibys saguodova tys, ka jai nabeja ni mozuokuos sapraššonys, kai tū vysu izdareit; i cikom jei napacīteigi i satraukti vērēs storp kūkim, smolka, bet dastuojeiga rīšona lyka jai lelā steigā pasavērt iz augšu.

Miļzeigs kucalāns tiemēja nu augšys iz jū lelom, opolom acim i vuorgi stīpe iz prīšku vīnu depi, raudzeidams jai dasadūrt. „Naboga mozuo radeibeņa!" saceja Alise pīloby- nūšā bolsā, i jei cīši ceņtēs pasviļpt jam; tok jū vysu laiku nalyka mīrā dūma, ka tik jis nabyutu olkons, taidā gadīnī jis varātu apēst Alisi, nasaverūt iz vysu juos pīsalobynuošonu.

Labi nasaprūtūt, kū eisti jei dora, Alise pajēme kūku i pastīpe jū kucalānam, tamā šaļtī kucalāns palēce gaisā ar vysom četrom depem reizē, laimeigi kvākškādams, skrēja pakaļ kūceņam i suoce tū plūseit; Alise izavaireja, nūsastuojūt aiz lela dodza, sovaižuok jei byutu nūtrīkta; cytā šaļtī, kod jei pasaruodeja ūtrā pusē, kucalāns otkon skrēja piec kūka, i steidzēs cīši lelā uotrumā, kab jū dabuotu; tod Alise, dūmojūt, ka itei kaita ir leidzeiga zyrgu skriejīņam, kuru kotru šaļti gaideja, ka jei tiks sameita zam juo kuoju, skrēja apleik dodzim otkon, tod jis suoce pa breisneņam medeit kūku, paskrīnūt drupeit iz prīšku i tod tuoli atpakaļ, rejūt aizsmokušā bolsā, cikom beidzūt atsasāda lobā attuolumā, eļsineidams i izkuors mēli, i pa pusei aiztaisejs leluos acs.

Itys izalyka lobs moments, kab nūbāgtu – jei atsaspēre i suoce skrīt, leidz nūgura i beja bez olpys, i suņa rīšona izalyka pavysam klusa i tuoleja.

„I vysleidza, cik meils i mozeņš kucalāns jis beja!" saceja Alise, atsaspīžūt pret syurini, kab atsapyustu, i vādynova sevi ar vīnu nu juos lopu: „Maņ cīši patyktu jam vuiceit trikus, ka – kab viņ es byutum atbylstūša izmāra, lai tū dareitu! Trokums! Es jau gondreiž damiersu, ka maņ otkon juoizaug lelai! Tai, laidit padūmuot – kai lai tū *izdora*? Es dūmoju, ka maņ vēļ koč kas juoapād voi juoizdzer, viņ kas?

Lelais vaicuojums taišni beja – kas? Alise maneigi vērēs vysapleik iz pučų i zuolis stībru, bet jei naīraudzeja nikuo atbiļsteiga, kū varātu apēst voi izdzert, kas paītu situacejai; jai sūpluok auga lela sieņs, apmāram tikpat lela, cik jei, i, kod jei pasavēre zam juos vysuos moluos, jei padūmova, ka vajadzātu pasavērt ari, kas ir sieņs viersa pusē.

Jei izastīpe iz pierstu golu i pasavēre puori sieņs molai, i juos acs sasatyka ar lela kuopura acim, kurs sēdēja iz sieņs, rūkom krystā, klusai peipādams iudiņšpeipi i napīgrīzdams ni mozuokuos viereibys ni jai, ni kam cytam, kas nūteik apleik.

V N Ū D A Ļ A

Kuopura

padūms

Kuopurs i Alise kaidu laiku tiemēja vīns iz ūtru klusejūt. Tod Kuopurs izjēme nu mutis iudiņspeipi i uzrunova jū gurdonā i mīgainā bolsā.

„Kas *tu* esi?" saceja Kuopurs.

Tys nabeja pats lobuokais īvods sarunai. Alise kautreigi atbiļdēja: „Es – es poša labi nazynu, kungs, niule tū ir gryuši pasaccit – vysmoz es zynu, kas es *beju*, kod nu reita pasamūdu, tok asmu jau vairuokys reizıs puorsamejuse nu ituos šaļts."

„Kū tu ar tū dūmoj?" groznai vaicova Kuopurs: „Paskaidroj vysu par sevi!"

„Es beistūs, kungs, ka es navaru nikuo *par sevi* izskaidruot, deļ tuo ka es vaira naasmu es poša!"

„Es nasaprūtu," saceja Kuopurs.

„Par nūžālu, es navaru ituo paskaidruot lobuok," Alise atbiļdēja cīš pīkluojeigi, „deļ tuo ka pat es poša ituo navaru saprast, i es asmu bejuse tik vysaidūs lelumūs, vīnai dīnai tys ir puoruok naskaidri."

„Nav gon," saceja Kuopurs.

„Nu, varātu byut, ka ar jums tai nav gadejīs," saceja Alise, „bet kod jums ir juopuorsamej par kūneņu, kab palikt par taurynu, jius zinit. I es dūmoju, ka tam byutu juobyun drupeit jūceigi, jums tai nasalīk?"

„Nimoz," saceja Kuopurs.

„Nu varātu byut, ka jiusu izjiutys ir sovaiduokys," saceja Alise, „vyss, kū es varu pasaceit – tys byutu cīši jūceigi *deļ mane*."

„Tu!" nycynūši saceja Kuopurs: „Kas *tu* eisti esi?"
Tys nūvede jūs obejus pi sarunys suoku. Alise jutuos
nadaudz aizkaitynuota par tū, ka Kuopurs izsoka *cīši* eisys
frazis, i jei sasajēme i saceja nūpītnā bolsā: „Maņ redzīs, ka
jums juopasoka pyrmajam, kas *jius* asat."
„Deļ kam?" puorvaicova Kuopurs.
Tys beja vēļ vīns mulsynūšs vaicuojums, i tai kai Alise
navarēja izdūmuot loba īmesļa i izavēre, ka Kuopurs ir *cīši*
nalabvieleigi nūskaņuots, jei pagrīze jam mugaru.
„Ej atpakaļ!" Kuopurs sauce jai pakaļ. „Maņ ir nazkas
svareigs pastuostams!"
Tys izaklauseja daudzsūlūši, i, saprūtams, Alise atsagrīze
atpakaļ.
„Turi sevi rūkuos," saceja Kuopurs.
„I tys ir vyss?" Alise vaicova, raugūt nūreit vysu sovu
dusmi.
„Nā," saceja Kuopurs.
Alise izdūmova, ka var pagaideit, deļ tuo ka jai tai voi tai
nabeja nikuo lobuoka, kū dareit, i varbyut golu golā jei tūmār
dzierdēs koč kū vierteigu. Kaidu laiku Kuopurs viņ pyute
dyumus, narunojūt, bet tod beidzūt jis izstaipeja rūkys,
otkon izjēme nu mutis iudiņspeipi i saceja: „Taitod tu dūmoj,
ka esi puorsamejuse, pareizi?"
„Es beistūs, ka nui, kungs," saceja Alise, „es naatguodoju
lītu, kurys nazkod zynovu, i es navaru palikt vīnā lelumā pat
iz desmit minutu!"
„*Kaidys* lītys tu navari pīminēt?" vaicova Kuopurs.
„Nu, es raudzeju nūskaiteit „*Kai dora mozuo rūseiguo
biteite*", bet saguoja pavysam sovaiduok!" Alise atbiļdēja cīš
skumeigā bolsā.
„Atkuortoj – „*Tu esi vacs, Tāvs Viļjam*"."
Alise izstīpe rūkys i īsuoce:

„Tu esi vacs, tāvs Viļjam," saceja veirs, kurs beja jauns.
„I laiks paleidz tovim motim boltim palikt;
I da šuo tu vysu laiku stuovi iz golvys, ar jū iz leju –
Voi tu dūmoj, tovā vacumā tys tai var byut?"

„Munā jauneibā," tāvs Viļjams dālam atbildēja.
„Es beistejūs, ka tys smedziņus var īvainuot;
A niule, kod zynu, ka asmu perfekts, es gon nazynu par kū,
Es tū doru otkon i otkon."

„Tu esi vacs," saceja jaunīts, *„kai jau saceju pyrma tuo,*
  I esi palics pīteikami rasnys,
Kai tu vēļ varieji kiulīni iz aizmuguri apmest,
  Pasok, kai tu tū muoki?"

„Munā jauneibā," saceja gudrais, *kurs taids izavēre deļ sovu*
  palākūs motu.
  „Itai zīdei pasasokūt, maņ spraunys beja i rūkys,
I kuojis, vīns šileņš par kasti,
  Voi atļausi puordūt tev kaidu laseiti?"

„Tu esi vacs," saceja jaunais, *„i tovi žūkli par vuoju vysam,*
  Kas cītuoks par eikšu taukim,
A naseŋ tu peili ar kaulim i gnēzi apreji,
  Pasoki, lyudzu, kai tu tū varieji?"

„Munā jauneibā," saceja juo tāvs, *„es sprīdu tīsu,*
  I kotru gadīni mes puorsprīdem ar sīvu,
I žūklim tys deve muskuļu spāku i tykumu,
  Kas paliks ar mani leidz satikšu Dīvu."

„*Tu esi vacs,*" *saceja jaunais.* „*Gryuši kaidam pījimt,*
  Ka tova acs ir palykuse namaineiga.
Vēļ zuti iz daguna gola vari nūturēt vīns –
  Nu kurīnis tev tei gudreiba tyka?"

„*Es atbiļdiejs asmu treis vaicuojumus, jau gona,*"
  Saceja tāvs, „*naīsadūmoj par daudz!*
Dūmoj vysu dīnu klauseitīs vīneiguo muna dzela?
  Taisīs ka tīc, voi jussi, kai nu munys kuojis pa trepem
  zamyn brauc!"

„Tys nav pareizi pasaceits," saceja Kuopurs.

„Na *eisti* pareizi," būgli saceja Alise, „nazcik vuordu tyka puorveiduoti."

„Tys ir napareizi nu suoku da beigu," apjiemeigi saceja Kuopurs, i iz puors minutu īstuoja klusums.

Kuopurs suoce runuot pyrmais.

„Cik lela tu gribi byut?" jis vaicova.

„Voi, itys lelums ir seikums," steidzeigi atbiļdēja Alise, „maņ vīnkuorši napateik tik bīži puorsameit, voi zinit."

„Es *nazynu*," saceja Kuopurs.

Alise nikuo naatbiļdēja. Jei vēļ nikod nabeja tykuse taiduos pretrunuos i juta, ka mudri zaudēs savaļdeibu.

„Voi tu itū šaļti esi apmīrynuota ar sovu izmāru?" vaicova Kuopurs.

„Nu, es grybātum byut *drupeit* leluoka, kungs, ka jums nav ībyldumu," saceja Alise, „ostoni centimetri ir samārā nūžālojams garums."

„Tys ir pat cīši lobs garums!" sirdeigi saceja Kuopurs i izaslēja (jis beja taišni ostoni centimetri gars).

„A es naasmu pi tuo dajiukuse!" aizabyldynova naboga Alise žāluma pylnā bolsā. I jei pi seve padūmova: „Kai es grybātum, kab itī zvāri tik mudri naapsavainuotu!"

„Tu pi tuo pīrassi ar laiku," saceja Kuopurs, īlyka iudiņspeipi mutē i otkon suoce peipēt.

Itamā reizē Alise pacīteigi gaideja, cikom Kuopurs otkon suoks runuot. Piec minutys voi div Kuopurs izjēme iudiņspeipi nu mutis, nūsažuovova vīnu voi divi reizis i nūsaskurynova. Tod jis nūkuope nu sieņs i aizruopova prūm pa zuoli, vēļ dasokūt: „Vīna puse liks tev izaugt leluokai, a ūtra puse – sasaraut mozuokai."

„Vīna puse *kuo*? Ūtra puse *kuo*?" pi seve dūmova Alise.

„Puse sieņs", saceja Kuopurs, it kai jei itū byutu vaicuojuse bolsā, cytā šaļtī jis vaira nabeja radzams.

Alise stuovēja kaidu minutu, dūmeigi vārdamuos iz sieņs, raugūt īguoduot, kuruo puse ir kura, i tai kai sieņs beja perfekti opola, tys ruodejuos cīš gryuts vaicuojums. Lai nu kai, beigu golā jei ar rūkom apčēre sieni tik tuoli, cik varēja, i nūlauze pa gabaleņam nu kotra gola.

„I kura ir kura puse?" jei saceja sev, i nūknybynova mozu drupateņu nu lobuos rūkys gobola, kab paraudzeitu, kas byus – cytā šaļtī jei pajuta stypru trīcīni zam zūda – tys atsasyta pret juos kuojom!

Jei beja cīši nūsabeiduse par itū pavysam nagaideitū puormeju, a jei juta, ka navar tērēt laiku, deļ tuo ka jei kruši palyka mozuoka, deļ tuo jei iz reizis izdūmova apēst gobolu nu ūtruos rūkys. Juos zūds beja tik stiprai daspīsts kuojom, ka beja gryuši attaisēt muti i nūsakūst, a beidzūt jei tū izdareja i varēja nūreit kimūsu no kreisuos rūkys.

*　　　*　　　*　　　*
*　　　*　　　*
*　　　*　　　*　　　*

„Voi, muna golva ir beidzūt breiva!" Alise saceja laimeigā bolsā, kuru puormeja uztraukums cytā šaļtī, kod jei saprota, ka juos placi ir nazkur pagaisuši, i vyss, kū jei varēja redzēt, kod vērēs zamyn, beja juos naīdūmuojami garais koklys, kas izavēre kai gars škūrstyns, kas beja pasaruodejs nu zaļūs lopu jiurys zam juos.

„Kas varātu byut vyss tys zaļais sagums?" dūmova Alise, „i kur ir muni placi? I, ak, munys naboga rūkys, kai tys var byut, ka es jiusu naradzu?" Jei raudzeja juos kustynuot, a vīneigais, kū varēja pamaneit, beja nalela lopu treisiešona tuolajā zaļumā.

Tai kai ruodejuos, ka nav īspiejams dabuot juos rūkys pi golvys, jei raudzeja pīlīkt golvu pi rūku i beja cīši prīceiga, kod izzynova, ka juos koklys vīgli lūcejuos vysūs vierzīņūs kai tuorps. Jai koč kai beja izadevs salīkt koklu skaistā zigzagā,

i jei jau taisejuos īnirt lopuos, kurys izaruodeja kūku
viersyunis, kod skaļs sviļpīņs lyka jai atsalīkt atpakaļ – lels
bolūds beja īlidovs juos sejā i suopeigi syta jū ar spuornim.
"Tuorps!" bļuove Bolūds.
"Es *naasmu* tuorps!" sašutuse sauce Alise. "Lic mani mīrā!"
"Tuorps, es soku!" atkuortova Bolūds, a na viņ skaļā bolsā,
i tai kai šņukstūt pīmatynova: "Es asmu raudzejs vysaiž, a
jim vīnolga nav labi!"
"Maņ nav ni mozuokuos saprasšonys, par kū tu runoj,"
saceja Alise.
"Es asmu raudzejs i kūku saknis, i krostus, i dzeivžūgus,"
Bolūds turpynova, napīgrīžūt jai viereibys, "a tī tuorpi!
Nikod jim nabyus labi!"
Alise suoce vairuok i vairuok apjukt, a jei dūmova, ka nav
vārts nikuo vaira saceit, cikom Bolūds beigs runuot.
"Kaiba maņ taipoš nabyutu gona gryuši ar ūlu periešonu,"
saceja bolūds, "a maņ vēļ juosorgojās nu tuorpim dīnu i
nakti! Ak, ni druscenis mīga jau treis nedelis!"
"Maņ cīš žāļ, ka jius asat aizkaitynuots," saceja Alise, kura
beidzūt suoce saprast, par kū ir runa.
"I viņ kai es īsakuortovu iz augstuokuo kūka vysā mežā,"
turpynova Bolūds, "i niule es padūmovu, ka asmu tics nu jūs
vaļā, jim leikumojūt juonūsalaiž nu dabasu! Eh, Tuorps!"
"Bet es *naasmu* tuorps, ka es tev soku!" saceja Alise, "Es
asmu – es asmu –"
"Ak tai! *Kas* tu esi?" saceja Bolūds. "Es tai radzu, ka tu
ceņtīs koč kū izdūmuot!"
"Es – es asmu moza meitine," nadrūsai nūvylka Alise,
īguodojūt vysys sovys puormejis dīnys garumā.
"Nu jau cīši interesants stuosts!" turpynova Bolūds ar
nycynuojumu. "Es asmu redzejs daudz meitiņu sovā dzeivē,
a *nivīnai* nav bejs taida kokla! Nā, nā! Tu esi tuorps, i
navajag tuo nūlīgt. I niule tu vēļ maņ saceisi, ka nikod naesi
āduse ūlys!"

„Es nūteikti *asmu* āduse ūlys," saceja Alise, kura beja cīši gūdeigs bārns, „bet, zinit, mozys meitinis ād tikpat daudz ūlu, cik tuorpi."

„Es tam natycu," nūsaceja Bolūds, „a, ka juos pa eistam ād, juos tuorpi viņ ir, tys ir vyss, kū es varu pasaceit."

Tei beja interesanta dūma, tai ka Alise beja klusa minutu voi divejis, kas deve Bolūžam īspieju papyldynuot: „Tu vaicoj ūlys, es *tū* zynu piļneigi nūteikti, tod kaida maņ starpeiba, voi tu esi tuorps voi meitine?"

„Nu *maņ* tei ir lela starpeiba," steidzeigi saceja Alise, „bet es namekleju ūlu, vysmoz itū reizi, i pat ka vaicuotu, es nagrybātum *jiusejuos*, maņ juos nagaršoj naapstruoduotys."

„Nu tod losīs!" saceja Bolūds aizvainuotā tūnī, nūsalaižūt atpakaļ perieklī. Alise pīsalīce zamyn zam kūku, cik tuoli viņ varēja, a juos koklys taipoš pynuos ap zorim, i vysu laiku jai beja juoapsastuoj i juoatpyn jis. Piec striečeitis jei īguodova, ka jai rūkuos vēļ beja sieņs gabaleni, i jei ceņtēs cīši ryupeigai nūknybynuot gabaleņu nu vīnys i tod nu ūtrys, jei auga to leluoka, to mozuoka, cikom beidzūt atsagrīze normalā lelumā.

Beja paguojs ilgs laiks, koleidz jei beja vysaida, viņ ni normala izmāra, tai ka nu suoku itys izalyka jūceigai, a jei daroda puors minutu laikā, i suoce runuot ar sevi, kai jau īrosts: „Īsadūmoj viņ, puse muna plana jau ir izpiļdeita! Cik gon mulsynūšys vysys ituos puormainis ir! Es nikod navaru zynuot, kaida es byušu cytu minutu! Lai nu kai, asmu tykuse pi sova normaluo leluma, tuoļuokais – juotcik skaistajā pučku suodā, a kai itys *ir* izdorams?" Koleidz jei tū pasaceja, jei īraudzeja nalelu kļajumu i iz tuo mozu sātu, koč kur metra augstumā lelu. „Lai ari kas tī dzeivuotu," saceja Alise, „jis nikod nabyus rediejs *taida* izmāra radeibys – ai, es tok puorbaideišu jūs da nuovis!" Tai jei suoce otkon knybynuot gabaleņus nu lobuos rūkys, i pat nariskeja daīt da sātys, cikom juos augums nabeja vysmoz caturtuo daļa nu metra.

VI NŪDAĻA

Cyuka i pypari

inutu voi divejis jei stuovēja, vārdamuos iz mozū sieteņu i dūmuodama, kū dareit tuoļuok, kod nagaideiti sulaiņs livrejā izskrēja nu meža (jei padūmova, ka jis ir sulaiņs, deļ tuo, ka jis beja taidā tārpā, sovaiduok, sprīžūt viņ piec juo sejis, jei jū byutu nūsaukuse par zivi) i klaudzynova pi durovu. Durovys attaiseja cyts sulaiņs livrejā, ar opolu seju i lelom acim kai vardivei. I obejim sulainim, kai Alise pamaneja, beja nūpūdarāti moti, kas vyscaur golvai beja skruļļaini. Alisei beja cīš interesanti zynuot, kas tī eisti nūteik, deļ tuo jei drupeit izleida nu meža, kab nūsaklauseit.

Sulaiņs-Zivs nu rūkys zamaškys vylka uorā miļzeigu viestuli, gondreiž tik lelu, cik jis pats, i nūdeve tū ūtram sulaiņam, sokūt svineigā bolsā: „Hercogīnei. Īlyugums nu Karalīnis iz kroketa kaitu." Sulaiņs-Vardive atkuortova tū pošu tikpat svineigā bolsā, viņ nadaudz pamainūt vuordu seceibu: „Nu Karalīnis. Īlyugums Hercogīnei iz kroketa kaitu."

54

Jī obeji zamu pasaklaneja, i jūs čirkys sasapyna kūpā.

Alise par tū tik skali īsasmēja, ka beja spīsta skrīt atpakaļ mežā, beistūtīs, ka jī varātu izdzierst. I kod jei cytu rcizi pasavēre uorā nu meža, Sulaiņs-Zivs beja aizguojs, a ūtrys sēdēja iz zemis pi sietenis, glupai vārdamīs dabasūs.

Alise nadrūsai daguoja pi durovu i pīklaudzynova.

„Taidai klaudzynuošonai nav nikaidys jāgys," saceja Sulaiņs, „i itys ir divi īmesļu piec. Pyrmais ir tys, ka es asmu tymā pošā durovu pusē, kurā tu, ūtrais, deļ tuo, ka jī īškā tai trūkšņoj, ka nivīns navar teve dzierdēt." I paeistam – pats sovaiduokais trūksnis beja dzierdams – pastuoveiga kaukšona i škaudeišona, šod i tod kaids bleikss, kaiba škeivs voi čajnīks tyktu sadauzeits sučēs.

„Tod, lyudzu, pasokit," saceja Alise, „kai tod es varu tikt īškā?"

„Vyspuor varātu byut jāga taidai stuciniešonai," turpynova Sulaiņs, napīgrīžūt viereibu Alisis saceitajam, „ka storp tevi i mani byutu sīna. Deļ pīvaduma, ka tu byutu *īškā*, tu varātim stucinēt, i es tevi izlaistu uorā, voi zini." Jis vērēs dabasūs vysu laiku, cikom runova, i Alisei itys redzējuos piļneigi napīkluojeigai. „Bet varbyut jis tī nikuo navar dareit," saceja Alise poša sev, „juo acs ir *tik* augstu iz golvys. Bet vīnolga, jam byutu juoatbiļd iz vaicuojumu. – Kai es varu tikt īškā?" Alise atkuortova bolsā.

„Es siediešu ite," saceja Sulaiņs, „da reitdīnys –"

Itamā šaļtī sātys durovys atsataiseja i lels škeivs lidova uorā, taišni iz Sulaiņa golvys – jis nūbruoze jam dagunu i saduza sučēs ap kūku aiz juo.

„– varbyut da pareitam," turpynova Sulaiņs taidā pošā bolsā, kaiba nikas nabyutu nūtics.

„Kai es varu tikt īškā?" Alise otkon vaicova skaļuokā bolsā.

„*Voi* tu vyspuor tiksi īškā," saceja Sulaiņs, „tys ir pyrmais vaicuojums, voi zini."

Tys, saprūtams, beja pyrmais vaicuojums, viņ Alisei napatyka, ka jai tai soka. „Tys nu gon ir baisi," murmynova Alise pi seve, „kai vysys radeibys streidīs. Ar tū pīteik, lai kaids sajuktu pruotā!"

Sulaiņs skaiteja, ka niule ir loba šaļts atkuortuot sovu pībiļdi ar variacejom. „Es te siediešu," jis saceja, „nūmūdā i mīgā daudzys daudzys dīnys."

„A kū lai es doru?" saceja Alise.

„Vysu, kas tev pateik," atbiļdēja Sulaiņs i suoce sviļpuot.

„Ai, nav tok nikaidys jāgys ar jū runuot," izmysuse nūsaceja Alise, „jis ir perfekti idiotisks!" I jei attaiseja durovys i īguoja vydā.

Durovys vede iz lelu kukni, kas beja pylna dyumu nu vīna gola da ūtra, Hercogīne sēdēja iz treiskuojainys taburetis pošā vydā i barova bārnu, saimineica beja puorsalīkuse puori gunei, maisūt lelu kotlu, kas, izavēre, beja pylns ar virīni.

„Virīnī nūteikti ir par daudz pyparu!" Alise saceja pi seve, cik nu varēja pasaceit deļ škaudeišonys.

Tū nūteikti beja par daudzi gaisā. Pat Hercogīne laiku pa laikam škaudeja, kas atsatīc iz bārnu, jis puormaiņus škaudeja i kauce bez puortraukuma. Vīneiguos lītys, kas kuknē našškaudeja, beja saimineica i lels kačs, kas sēdēja iz puorta i smeiknēja nu vīnys auss da ūtrys.

„Voi jius, ļyudzu, varātu maņ pasaceit," īsuoce Alise nadaudz kautreigai, deļ tuo ka nabeja puorlīcynuota, voi itys pīdar pi lobu maneru, ka jei suoc runuot pyrmuo, „deļ kuo jiusu kačs tai smeiknej?"

„Tys ir Češirys Kačs," saceja Hercogīne, „deļ tuo. Cyuka!"

Jei pasaceja pādejū vuordu tik nagaideiti cītsirdeigi, ka Alise gondreiž pasalēce; a cytā šaļtī jei pamaneja, ka itys beja dūmuots bārnam, na jai, tai ka jei sasajēme i turpynova: „Es nazynovu, ka Čеširys Kači vysod smeiknej, patīseibā, es pat nazynovu, ka kači *var* vyspuor smeiknēt."

„Jī vysi var," saceja Hercogīne, „i leluokuo daļa nu jūs tai i dora."

„Es nazynu nivīna, kas varātu," Alise saceja cīš pīkluojeigi, juzdamuos apmīrynuota, ka saruna suoc izadūt.

„Tod tu nazini daudz," konstatēja Hercogīne, „i tys ir fakts."

Alisei pavysam napatyka ituos pīzeimis tūņs, deļ tuo jei padūmova, ka byutu laiks puormeit sarunys temu. Cikom jei raudzeja koč kū izdūmuot, saimineica nūjēme virīņa kotlu nu guņs i suoce svīst vysu, kas beja pa juos tvierīņam, Hercogīnis i bārna vierzīnī – pyrmuos beja kamina maiglis, tod kai leits sekova kotli, bļūdys i škeivi. Hercogīne tam napīgrīze nikaidys viereibys, pat tod, kod jai nazkas truopeja, a bārns vysu laiku kauce tik cīš, ka navarēja pat pasaceit, voi trīcīni suop voi nā.

„Ak, *lyudzu*, apdūmojit, kū jius dorot!" raudova Alise, bailis nūmūceita, lokstūt augšyn zamyn. „Ak, tys ir taišni iz juo *breineiguo* dagunteņa pusi," tamā šaļtī lels kotlys lidova cīš tyvu bārna dagunam i gondreiž jū nūruove.

„Ka kotrys nabuoztu daguna na sovuos dareišonuos," aizsmokušā bolsā nūryuce Hercogīne, „pasauļs grīztūs daudz dreizuok, kai jis tū dora."

„I tys *nabyutu* īgivums," saceja Alise, prīcodamuos, ka var drupeit paruodeit sovys zynuošonys. „Padūmojit viņ, kas nūtiktu ar dīnu i nakti! Redzit, Zemei vajag divdesmit četrys stuņdis, kab apsagrīztu ap asi –"

„Runojūt par osumim," saceja Hercogīne, „nūciertit jai golvu!"

Alise gona nūsabeiduse pasavēre iz saimineicu, kab radzātu, voi jei saprota muojīni, a saimineica aizrauteigi maiseja virīni, i redzējuos, ka jei nadzierd, tai ka Alise atsuoce otkon: „Divdesmit četrys stuņdis, es *dūmoju*, voi tūmār divpadsmit? Es..."

„Ak, natraucej *mani*," saceja Hercogīne, „es nikod naasmu variejuse cīst skaitļus!" Ar itū teikumu jei otkon suoce baruot bārnu, dzīdūt nazkū leidzeigu šyupeļa dzīsmei, i cikom dzīdova, iz kotrys eilenis beigu jei jū stipri sakrateja:

> „*Tu esi rups ar mozū dālu i sit jū,*
> *kod jis škaudeit suoc,*
> *Jis, tevi traucādams, tai dora,*
> *Tys kaitynoj, i jis tū muok.*"

KORĀ

(Kurā jam daleibu ari saimineica i bārns):

„*Ā, ā, ā!*"

Cikom Hercogīne dzīdova ūtrū dzīsmis pantu, jei stypri svaideja bārnu augšyn i zamyn, i naboga mozuo radeiba kauce taidā bolsā, ka Alise knapi dzierdēja vuordus:

> „*Es groznai runoju ar dālu,*
> *Es sytu jū, kod škauda lys,*
> *Ar prīcu izbaudeit jam vālu*
> *Es skaudzi pyparu i vyss.*"

KORĀ

„*Ā, ā, ā!*"

„Lyudzu, vari jū paauklēt drupeit, ka gribi," saceja Hercogīne Alisei, tamā pošā šaļtī pasvīžūt bārnu jai. „Maņ juoīt rūstīs kroketa kaitai ar Karalīni," i jei aizasteidze iz

ALISIS PĪDZEIVUOJUMI BREINUMU ZEMĒ

ustobu. Saimineica svīde jai nu pakalis skaurodu, a natruo-
peja.

Alise na bez gryuteibu nūgiva bārnu, tai kai tys beja
jūceigys formys radejums i jam iz vysom pusem beja rūkys i
kuojis. „Tai kai jiurys zvaigzne," padūmova Alise. Naboga
mozais radejums sprauslova kai tvaika dziniejs, kod jei jū
nūgiva, i turpynova cyluotīs iz augšu, i tod otkon izalīce
atpakaļ, tai ka vīnu voi divi minutys Alise varēja jū knapi
saturēt.

Kai tikkū Alise atroda veidu, kai lobuok bārnu auklēt (tys
beja tai, kai sasīnūt jū mozgā i turūt cīši juo lobū ausi i
kreisū pādu, kab nūvārstu pūstu, kū jis sev var nūdareit),
Alise iznese jū svaigā gaisā. „Ka es napajimšu bārnu sev
leidza," dūmova Alise, „jī jū nūteikti nūsiss dīnys voi diveju
laikā – voi tei nabyutu slapkaveiba jū te atstuot?" Pādejūs
vuordus jei pasaceja bolsā, i mozuo radeiba rukškynuoja
pretim (jei beja puorstuojuse škaudeit da ituo breiža).
„Narukškynoj," saceja Alise, „itys nūteikti nav pījamams
veids, kai izapaust."

Bārns otkon īsarukškēja, i Alise klapateidama vērēs iz juo
seju, kab saprostu, kas nav tai. Nabeja švuorbu, ka daguns
tam beja cīši pagrīzts augšyn, vairuok kai snučs, na eists
daguns, i juo acs beja daudz par mozu deļ bārna ocu.
Kūpumā, radeibys izskots Alisei napavysam napatyka. „Bet
var jau byut, ka tei viņ šņukst," jei padūmova, i otkon
patiemēja juos acīs, kab radzātu, voi tī ir osorys.

Nā, tī nabeja osoru. „Ka tu taisīs palikt par cyuku, muns
meilais," nūpītnai saceja Alise, „es vaira ar tevi nasajimšu.
Tai ka izdūmoj niule!" Naboga mozuo radeiba otkon
īsašņukstēja (voi īsarukškēja, nabeja īspiejams pasaceit
pareizi), i iz kaidu šaļti īsastuoja klusums.

Viņ niule Alise suoce pi seve dūmuot: „I kū gon es dareišu
ar itū radeibu, kod tikšu da sātys?" Kod tei īsarukškēja
otkon, i gona zamā bolsā, Alise patiemēja iz juo seju ar

uztraukumu. Niule vaira *nabeja* nikaidu vaicuojumu – tei beja cyuka, i jei juta, ka byutu absurdi nest jū tuoļuok.

Tai ka jei nūlyka mozū radeibu zemē i sasajuta gona atvīgļuota, kod redzēja mozū radcibu klusom ītypynojūt mežā. „Ka tei radeiba byutu izauguse,” jei saceja sev, „tai byutu cīš nagleiši bārni. A teiri gleitys cyukys, es dūmoju.” I jei suoce dūmuot par cytim bārnim, kurūs jei pazeist i kurī varātu tikpat labi byut leidzeigi cyukom, i koleidz suoce runuot sevī: „Ka viņ kaids zynuotu, kai jūs puormeit –” kod jū puorsteidze Češirys Kačs, kas sēdēja iz kūka zora puors metru tuoļuok.

Kačs viņ smeiknēja, kod īraudzēja Alisi. Jis izavēre lobys dobys, jei dūmova. A tai voi tai tam ir *cīši* gari nogi i daudz lelu zūbu, deļ tuo pret jū juoiztur ar cīneibu.

„Češirys Kačeit," jei suoce nadrūsā bolsā deļ tuo, ka nazynova, voi jam patiks uzruna voi nā, lai nu kai, jis viņ paplēte smeineņu plotuoku. „Nu, pagaidom jis ir apmīrynuots," dūmova Alise i turpynova: „Voi tu varātim maņ, lyudzu, pasaceit, pa kuru ceļu maņ juoīt, kab tyktu nu šejīnis prūm?"

„Tys ir atkareigs nu tuo, kur tu gribi tikt," saceja Kačs.

„Maņ nav eisti svareigi, kur –" atbiļdēja Alise.

„Tod nav svareigi, pa kuru celi īsi," atsaceja kačs.

„– tik ilgi, cikom es tīku *koč kur*," Alise paskaidrova.

„Tu nūteikti koč kur tiksi," saceja Kačs, „ka īsi gona ilgi."

Alise juta, ka tū navar nūlīgt, deļ tuo raudzeja vaicuot kū cytu: „Kaidi cylvāki ite dzeivoj?"

„*Tymā* vierzīnī," saceja Kačs, muojūt iz riņči ar lobū depi, „dzeivoj Capurnīks, a *tymā*," jis turpynova, vycynūt ūtru depi, „dzeivoj Marta Začs. Vari apcīmuot, kuru gribi, jī obeji ir troki."

„Bet es nagrybu byut troku cylvāku vydā," dasaceja Alise.

„Tev nav izvēlis," saceja Kačs, „mes vysi te asam troki. Es asmu troks. Tu esi troka."

„Kai tu zini, ka asmu troka?" vaicova Alise.

„Tev juobyun trokai," saceja Kačs, „sovaižuok tu iz šejīni nabyutu guojuse."

Alisei nasalyka, ka tys koč kū pīruoda, i jei turpynova: „I kai tu zini, ka tu esi troks?"

„Suoksim ar tū, " stuosteja Kačs, „ka suni nav troki. Vari tū apstyprynuot?"

„Es tai dūmoju," saceja Alise.

„Nu tod," Kačs turpynova, „tu zini, suņs ryuc, kod ir sirdeigs i luncynoj asti, kod ir prīceigs. Es tymā pošā laikā ryucu, kod asmu prīceigs i luncynoju asti, kod asmu sirdeigs. Pa tam asmu troks."

„Es tū saucu par murruošonu, na ryukšonu," saceja Alise.

„Sauc, kai gribi," atsaceja Kačs. „Tu spieliesi kroketu ar Karalīni šudiņ?"

„Maņ tys cīši patyktu," saceja Alise, „a es pat vēļ naasmu praseita."

„Tu satiksi mani tī," dasaceja Kačs i pagaisa.

Alise nabeja cīš par tū puorsteigta, deļ tuo ka jai jau suoce pīrast pi sovaidu lītu. Cikom jei tiemēja iz vītu, kur jis beja, jis nagaideiti uzaroda otkon.

„Storp cytu, kas nūtyka ar bārnu?" saceja Kačs. „Gondreiž aizmiersu pavaicuot."

„Jis puorsameja par cyuku," Alise mīreigi saceja, kaiba itys byutu piļneigi normali – taida kača pasaruodeišona i pazusšona.

„Es tai i dūmovu, ka tai byus," nūsaceja Kačs i otkon pagaisa.

Alise drupeit pagaideja, vēļ carādama jū īraudzeit, a jis napasaruodeja, i piec minutys voi diveju jei suoce īt itymā vierzīnī, kurā kaiba dzeivojūt Marta Začs. „Es asmu redziejuse Capurnīku i pyrma tuo," jei pi seve runova, „Marta Začs byutu daudz interesantuoks, i varbyut, tai kai ir majs, jis nimoz natrokuos – nu vysmoz na tik trokai, cik trokuotu martā." I kod jei tū pasaceja, jei pasavēre augšyn i tī otkon beja Kačs, kurs sēdēja kūka zorā.

„Tu saceji „cyuka" voi „čyuska"?" puorvaicova Kačs.

„Es saceju „cyuka"," atbiļdēja Alise, „i es grybātum, kab tu puorstuoj itik nagaideiti pasaruodeit i pagaist, itys mulsynoj."

„Labi," saceja Kačs, i itamā reizē jis pagaisa samārā lānai, suocūt ar astis golu i beidzūt ar smeinu, kas beja radzams vēļ šaļti piec tuo, kai puorejais beja pagaiss.

„Nu, es bīži asmu redziejuse kači bez smeina," dūmova Alise, „a smeinu bez kača, nā! Tys laikam ir vysinteresantuokais, kū sovu myužu asmu pasacejuse!"

Jei nabeja paguojuse nicik tuoli, kod Marta Zača sāta tyka juos redzislūkā. Jei dūmova, ka tai juobyun pareizajai sātai, deļ tuo ka škūrstyns beja izveiduots kai zača auss i jumts nūkluots ar spolvu. Sāta izalyka tik lela, ka jei naguoja tyvuok, cikom nabeja nūskrybynuojuse gona daudz nu kreisuos rūkys sieņs gobola i pasacāluse pusmetra garumā, pat tod jei guoja kluot gona nadrūsai, runojūt pi seve: „Es dūmoju, ka jis tūmār trokoj! Es gondreiž vai nūžāloju, ka naguoju pi Capurnīka!"

VII NŪDAĻA

Trokuo čaja dzeršona

ātai prīškā zam kūka beja izkluots golds; Marta Začs i Capurnīks tī dzēre čaju, jim pa vydu sēdēja Susurs, kurs beja cīši aizmidzs, deļ tuo obeji puorejī izmontova jū kai spylvynu, atsaspīžūt pret jū ar alkūnim i runojūt puori juo golvai. „Susuram nūteikti ir cīši nāartai," dūmova Alise, „es dūmoju, ka jis naībylst viņ deļ tuo, ka jis guļ."

Golds beja cīši lels, a itī treis beja saleiduši vysi vīnā styurī: „Nav vītys! Nav vītys!" jī sauce, kod redzēja Alisi tyvojamīs.

„Vītys ir *pa pylnam!*" ar izmysumu saceja Alise i atsasāda lelā meikstā krāslā vīnā golda golā.

„Pasadzer veina," saceja Marta Začs drūsynūšā tūnī.

Alise pasavēre vysapleik goldam, a iz juo beja viņ čajs. „Es naradzu nikaida veina," jei pīzeimova.

„Tī nimoz nav veina," saceja Marta Začs.

„Tod nabeja eipaši pīkluojeigi tū pīduovuot," sirdeigi saceja Alise.

„Tod nabeja eipaši pīkluojeigi atsasēst pi golda bez praseišonys," atsaceja Marta Začs.

66

„Es nazynovu, ka tys ir *tovs* golds," saceja Alise, „tys ir sakluots daudz vairuok cylvākim kai treis."

„Tovi moti prosa grīzumu," īsajauce Capurnīks. Jis ilgi beja tiemiejs iz Alisi ar lelu interesi, i itī beja juo pyrmī vuordi.

„Jums byutu juoīsavuica naizteikt personiskys pīzeimis," Alise saceja ar zynomu styngreibu, „tys ir cīši napīkluojeigi."

Capurnīks atplēte acs cīši plotai, kod tū izdzierda, a vyss, kū jis pasaceja, beja: „Deļ kuo krauklis ir kai rokstomgolds?"

„Nu, izaver niule izaklaidēsim!" dūmova Alise. „Es prīcojūs, ka jī suokuši aizdūt meiklis." Bolsā Alise saceja: „Es dūmoju, ka varātum itū atminēt."

„Voi tu ar itū dūmoj, ka tu varātim atrast atbiļdi?" vaicova Marta Začs.

„Taišni tai," saceja Alise.

„Tod tev juopasoka, kū tu dūmoj," turpynova Marta Začs.

„Es tai i doru," dreizai atbiļdēja Alise, „vysmoz – vysmoz dūmoju, kū es soku – tys vīns i tys pats viņ ir."

„Nav gon vys tys pats!" saceja Capurnīks. „Tod tu vari
tikpat labi pasaceit: „Es radzu, kū es ādu", tys ir tys pats,
kai „Es ādu, kū es radzu"!"

„Tu varātu tikpat labi saceit," dasaceja Marta Začs, „ka
„Maņ pateik tys, kū daboju", tys ir tai pat kai „Es daboju tū,
kas maņ pateik"!"

„Tu varātu tikpat labi pasaceit," papyldynova Susurs, kurs
izalyka runuojam pa mīgam, „ka „Es elpoju, kod guļu" i tys
byutu taipoš kai „Es guļu, kod es elpoju"!"

„Tys *ir* tys pats deļ teve," saceja Capurnīks, i ite saruna
apsatryuka, i vysa kompaneja kaidu strēči sēdēja klusumā,
cikom Alise dūmova par vysu, kū viņ jei varēja īguoduot par
krauklim i rokstomgoldim, dīvamžāļ, nikuo daudz jei nazy-
nova.

Capurnīks pyrmais puormeja klusumu. „Kura mieneša
dīna šudiņ ir?" jis saceja, pasagrīžūt pret Alisi. Jis beja
izjiems stuņdinīku nu kārmana i namīreigai iz jū vērēs,
šaļtim tū pakrotūt i pīlīkūt pi auss.

Alise šaļteņu padūmova i saceja: „Catūrtais."

„Par div dīnom atpalīk!" nūsapyute Capurnīks. „Es tok
saceju, ka svīsts nabyus tam pīmāruots!" jis dasaceja i
sirdeigi pasavēre iz Marta Zači.

„Tys beja *pats lobuokais* svīsts," pazemeigi atbiļdēja Marta
Začs.

„Nui, a nazcik drupačeņu beja sakrytušys īškā," nūryuce
Capurnīks. „Tev navajadzēja tū īsmērēt ar maizis nazi."

Marta Začs pajēme stuņdinīku i dryumi pasavēre jimā, tod
jis īmērce tū sovā čaja tasē i otkon pasavēre stuņdinīkā, i jam
pruotā nabeja nikas lobuoks sakoms, kai otkon tys pats:
„Tys beja *vysu lobuokais* svīsts, voi zini."

Alise vērēs jam puori placam ar ziņkuori. „Kas par
interesantu stuņdinīku!" jei pīzeimova. „Tys pasoka mieneša
dīnu, bet nazyna, cik ir laika!"

„Deļ kam tys?" murmynova Capurnīks. „Voi tovs stuņdinīks soka, kurs gods niule ir?"

„Saprūtams, ka nā," saceja Alise bez pīpyulis, „a itys ir deļ tuo, ka vīns gods ir puoruok ilgu laiku."

„Taipoš ir ar munejū," saceja Capurnīks.

Alise pasajuta brīsmeigi apjukuse. Capurnīka pīzeime lykuos bez kaidys jāgys, koč i pasaceita juos pošys volūdā. „Es jius na da gola saprūtu," saceja Alise, cik pīkluojeigi viņ varēja.

„Susurs otkon guļ," saceja Capurnīks, i jis izlēja drusku korsta čaja juo daguna prīškā.

Susurs napacīteigi nūkrateja golvu, i, naattaisūt acs, saceja: „Saprūtams, saprūtams, es tū pošu gribieju saceit."

„Voi tu jau atminieji meikli?" praseja Capurnīks, pīsagrīžūt Alisei.

„Nā, es naspieju," atbiļdēja Alise. „Kaids ir atminiejums?"

„Maņ nav ni mozuokuos saprasšonys," saceja Capurnīks.

„Maņ ari," saceja Marta Začs.

Alise gurdenai nūsapyute. „Es dūmoju, jius varātu īsuokt kū lobuoku ar sovu laiku," jei saceja, „kai tū nūsist, mynūt meiklis, kurom nav atminiejumu."

„Ka tu pazeitim Laiku tikpat labi kai es," saceja Capurnīks, „tu narunuotim par *tuo* nūsisšonu. Tys ir *jis.*"

„Es nasaprūtu, kai tu tū dūmoj," saceja Alise.

„Saprūtams, ka nasaprūti!" saceja Capurnīks, niceigi krotūt golvu. „Es atsaļaušu saceit, ka tu nikod pat naesi runuojuse ar Laiku!"

„Īspiejams, naasmu," pīsardzeigi atbiļdēja Alise. „Tok es zynu, ka tei ir laika nūsisšona, kod es vuicūs muzyku."

„Ah, tys ir redzīņs par jū," saceja Capurnīks. „Jis nacīš nūsisšonu. Niule, ka viņ tu byutu paturiejuse lobys attīceibys ar jū, jis varātu izdareit ar stuņdinīku gondreiž vysu, kū tu grybātu. Pīmāram, īsadūmoj, ka ir deveni nu reita, laiks, kod juosasuoc vuiceibom – tev viņ byutu juopačukst Laikam, i vīnā šaļteņā stuņdinīks suoktu skrīt pa riņči! Pusē divi – laiks pušdīnem! "

(„Ka tai byutu," Marta Začs pačukstēja pi seve.)

„Tys nūteikti byutu grandiozai," sirdeigi saceja Alise, „a ka tai byutu, es vēļ nabyutum olkona da ituo laika."

„Varbyut nu suoku nā," saceja Capurnīks, „a tu varātim nūturēt laiku iz pusdiveju, cik ilgi viņ grybātim."

„Voi tys ir tai, kai *tu* dori?" vaicova Alise.

Capurnīks skumai pakrateja golvu: „Es nā," jis atsaceja, „mes sasastreidējom paguojušajā martā, taišni pyrma tuo, kai *jis* sajuka pruotā, tu zini –" (jis ar čaja lizeiku ruodeja iz Marta Zači). „– tys beja burveiga koncerta laikā, kuru redzēja Ercu Karalīne, i maņ beja juodzīd:

„*Zibsnej, zibsnej, plykspuorneit!*
Soki, kas tev pruotā kreit!"

Varbyut tu zini itū dzīsmi?"

„Asmu dzierdiejuse kū leidzeigu," saceja Alise.

„Jei turpynojās, voi zini," Capurnīks saceja, „itai:

„*Vēļ augšuok puor pasauli, par kuru lidoj tu,*
Tai kai čaja papluote īkš dabasu.

Zibsnej, zibsnej –""

Itamā šaļtī Susurs sasapurynova i suoce pa mīgam dzīduot:
„*Zibsnej, zibsnej, zibsnej, zibsnej –*" i turpynova tik ilgi, ka
puorejim beja jam juoīknīb, kab jis puorstuotu.

„Nu, es beju knapi pabeidzs pyrmū pantu," saceja Capur-
nīks, „kod Karalīne pīlēce kuojuos i īsabļuove: „Jis nūgalynoj
laiku! Golvu nūst!"

„Cik brīsmeiga mežūne!" īsaklīdze Alise.

„I nu tuos šaļts," jis turpynova biedeigā bolsā bubinēt, „jis
vaira nadora nikuo, kū es prosu! I stuņdinīks ruoda vysod
seši!"

Spūdra ideja īskrēja Alisei pruotā: „Tys ir īmeslis vysim
daudzajim čaja pīdarumim ite?" jei vaicova.

„Taišni tai," saceja Capurnīks ar nūpyutu, „vysod ir čaja
laiks, i mums nav laika mozguot traukus storp šaļtim."

„Tod jius vysu dorot pa riņči, kai es saprotu?" saceja Alise.

„Taišni tai," apstyprynova Capurnīks, „i mes jau asam
pīroduši."

„A kas nūteik, kod jius asat nūguojuši otkon da suoku?"
Alise steidzeigi tārpynova tuoļuok.

„Es dūmoju, ka mums juomaina temats," īsajauce Marta
Začs žuovojūtīs. „Es suocu pīkust nu ituo. Es bolsoju par tū,
lai jaunuo kuņdze pastuosta mums stuostu."

„Es beistūs, ka nivīna nazynu," saceja Alise, uztraukta par
pīduovuojumu.

„Tod Susuram juostuosta!" jī obeji čeikstēja. „Celīs,
Susur!" i jī jam knībe nu obeju pušu reizē.

Susurs lānom attaiseja acs. „Es ni druskys nabeju aiz-
midzs," jis saceja aizsmokušā, vuorgā bolsā: „Es dzierdieju
kotru vuordu, kū jius, draugi, sacejot."

„Pastuosti mums stuostu!" saceja Marta Začs.

„Nui, lyudzu, pastuosti," lyudzēs Alise.

„I dori tū mudreni," dasaceja Capurnīks, „voi tu aizmigsi
otkon, pyrma suoksi tū dareit."

„Reiz dzeivova treis mozys muosys," Susurs īsuoce cīši
steidzeigi, „i jūs vuordi beja Elseja, Laseja i Tilleja, i juos
dzeivova okys dybynā –"

„Nu kuo juos tī puortyka?" saceja Alise, kas vysod beja
īinteresāta iedīņa i dzierīņa vaicuojumūs.

„Nu syrupa," saceja Susurs piec šaļts padūmuošonys.

„Juos tū navarēja, voi zini," Alise laipni saceja, „juos byutu
saslymušys."

„Taitod juos ari beja," saceja Susurs, „cīši slymys."

Alise raudzeja izatāluot, cik naīdūmuojams dzeivisveids tys
byutu, a tys par daudz jū mulsynova, deļ tuo jei turpynova:
„A par kū juos dzeivova okys dybynā?"

„Padzer vairuok čaja," Marta Začs dedzeigi saceja Alisei.

„Es vēļ naasmu nicik izdzāruse," Alise atbiļdēja aizvai-
nuotā tūnī, „deļ tuo es navaru padzert vairuok."

„Tu gribieji saceit, ka navari padzert *mozuok*," saceja
Capurnīks, „ir cīši vīgli izdzert *vairuok* kai nikū."

„Nivīns navaicova *tovu* redzīni," saceja Alise.

„Kurs niule izsoka personiskys pīzeimis?" triumfejūši
saceja Capurnīks.

Alise eisti nazynova, kū iz tuo atbiļdēt, par tū jei īlēja sev
čaju i sataiseja maizeiti ar svīstu i pīsagrīze Susuram, at-
kuortojūt vaicuojumu: „Deļ kuo juos dzeivova okys dybynā?"

Susuram otkon vajadzēja minutu voi divejis, lai tū
apdūmuotu, i tod jis saceja: „Tei beja syrupa oka."

„Taidu lītu nav!" Alise suoce runuot sirdeigi, a Capurnīks
i Marta Začs suoce šņuokt: „Čšs! Čšs!" i Susurs saceja

sasabūzs: „Ka tu navari izanest pīkluojeigi, varbyut pabeidz stuostu poša."

„Nā, lyudzu, turpynoj!" Alise saceja cīši pazemeigi. „Es vaira jiusu napuortraukšu. Atsaļaušu pīkrist, ka *vīna* koč kur ir."

„Vīna, pateišom!" saceja Susurs ar sašutumu, a tūmār pīkryta turpynuot. „I ituos treis mozuos muosys – juos vuicejuos smeļt –"

„Kū juos smēle?" saceja Alise, gondreiž aizmiersuse par sovu sūlejumu naīsajaukt.

„Syrupu," saceja Susurs, itū reizi nadūmojūt.

„Es grybu teiru spotkeņu," puortrauce Capurnīks, „pasarausim par vīnu vītu iz prīšku."

Jis puorsasāda šaļtī, kod runova, i Susurs jam sekova, Marta Začs atsasāda Susura vītā, i Alise nagrybūt ījēme Marta Zača vītu. Capurnīks beja vīneigais, kas giva koč kaidu lobumu nu ituo vysa, a Alisei beja daudz slyktuok, deļ tuo ka Marta Začs beja paspiejs izguozt pīna paku sovā zamaškys spotkeņā.

Alise nagribēja vēļ reizi apvainuot Susuru, deļ tuo suoce cīš pīsardzeigi: „Bet es nasaprūtu. Nu kur beja tys syrups, kuru juos smēle?"

„Nu, nasapraška, tu vari smeļt iudiņi nu iudiņa okys," saceja Capurnīks: „deļ kuo es dūmoju, ka tikpat labi tu vari smeļt syrupu nu syrupa okys – na tai?"

„Bet juos beja *īškā* okā," Alise saceja Susuram, napīgrīžūt viereibys juo pādejai pīzeimei.

„Saprūtams, juos beja," saceja Susurs, „taišni tai, īškā."

Itei atbiļde tai samulsynova naboga Alisi, ka jei atļuove Susuram turpynuot napuortraucūt.

„Juos vuicejuos smeļt," Susurs turpynova, žuovojūtīs i trynūt acs, deļ tuo ka jis suoce palikt mīgains, „i juos smēle piļneigi vysys lītys, kas suocās ar burtu M –"

„Deļ kuo taišni ar M?" saceja Alise.

„Deļ kuo nā?" saceja Marta Začs.

Alise klusēja.

Susurs jau beja paspiejs aizmīgt acs i suoce īmigt, a, kod Capurnīks jam īknībe, jis otkon pasamūda drusku sasaraunūt, i turpynova: „– tū, kas suocēs iz burta M, pīmāram, mozūs peļu slozdus, mienesi, mylzumu – zinit, jius sokot „mylzums mylzuma", voi jius asat kod nabejs redziejuši izsmaltu mylzumu?"

„Pa eistam tu tū niule vaicoj maņ," saceja Alice cīš apjukuse, „nadūmoju gon –"

„Tod tev navajadzātu runuot," saceja Capurnīks.

Itei rupeiba beja pādejais pilīņs, Alise pīsacēle lelā rībumā i guoja paceli. Susurs kai vysod aizmyga, i nivīns nu puorejūs napīgrīze viereibys tam, ka jei guoja paceli, koč jei pasavēre atpakaļ reizi voi div, pa pusei cerūt, ka jī sauks jai pakaļ, pādejais, kū jei redzēja apsagrīžūt, beja kai jī raudzeja īlikt Susuru čajnīkā.

„Es nikaidā gadejumā vaira nikod naatsagrīzšu *tī*!" saceja Alise, izalosūt ceļu cauri mežam. „Tei beja najiedzeiguokuo čaja baļleite vysā munā dzeivē!"

Kod jei tū beja pasacejuse, jei pamaneja, ka vīnā kūkā ir durovys, kurys vad taišni jimā īškā. „Tys ir cīš interesantai!" jei dūmova. „A vyss ir interesanti šudiņ. Tai es dūmoju, ka varu īt ari ite," i jei īguoja īškā.

I otkon jei atsaroda garā zalā, tyvu mozajam stykla gaļdeņam. „Niule, niule maņ itys izadūs lobuok," jei saceja sev, i pajēme mozū zalta atslāgu i suoce slēgt vaļā mozuos duravenis, kurys vede iz suodu. Tod jei suoce knybynuot sieni (jei turēja gabaleņu kārmanā), cikom jei beja pādu gara; tod jei guoja pa mozu kalidori, i *tod* jei golsgolā tyka breineigā suodā, storp kūšu puču dūbem i veļdzejūšim fontanim.

VIII NŪDAĻA

Karalīnis kroketa laukums

*L*els rūžu kryums stuovēja pi īejis suodā, rūzis, kas iz tuo zīdēja, beja boltys, a treis duorznīki juos ceņteigi kruosova sorkonys. Alisei tys redzējuos cīš jūceigai i jei pīguoja tyvuok, kab pavāruotu jūs, i kai jei pīsatyvynova, jei dzierdēja vīnu nu jūs runojam: „Nu, verīs, kū dori! Pīcinīk! Našļakstynoj kruosu iz mane!"

„Es nikuo tī navarieju dareit," saceja Pīcinīks sasabūzs, „Septeitnīks pagryude munu alkiuni!"

Iz kū Septeitnīks atbiļdēja, pasaverūt augšyn: „Nui, nui, Pīcinīk! Nūveļ vysu vaini iz cytu!"

„*Tu* lobuok paklusej!" atsaceja Pīcinīks. „Es vēļ vakar dzierdieju, kai Karalīne saceja, ka tev byutu juonūcārt golva!"

„Par kū?" vaicova tys, kas beja runovs pyrmais.

„Tei nav *tova* dareišona, Divinīk!" atcierte Septeitnīks.

„Nā, tei *ir* juo dareišona!" saceja Pīcinīks, „i es jam pasaceišu – tys beja par tū, ka jis atnese povuoram tuļpu seipulus porostūs vītā!"

Septeitnīks nūsvīde ūtu i niule suoce: „Zinit, nu vysu nataisneigūs lītu –" kod juo skatīņs kryta zamyn i jis pamaneja Alisi, kura stuovēja i nuvārova jūs, tamā pat šaļtī jis puorbaudeja, voi labi izaver, i vysi puorejī apsavēre pa molom i dzili pasaklaneja.

„Voi jius varātu pasaceit," saceja Alise nadrūsai, „deļ kuo jius puorkruosojat ituos rūzis?"

Pīcinīks i Septeitnīks nasaceja nikuo, viņ vērēs iz Divinīku. Divinīks īsuoce klusā bolsā: „Voi, jaunkuņdz, voi zinit, kaiba itam kryumam beja juobyun *sorkonūs* rūžu kryumam, a mes klaidys piec īstatejom boltū, i, ka Karalīne itū izzynuotu, jei nūcierstu mums golvys. Tai ka redzit, jaunkuņdz, mes

dorom, kū varim, cikom Karalīne nav atguojuse, kab –"
Itamā šaļtī Pīcinīks, kas vysu laiku beja napacīteigi vērīs
puori suodam, īsaklīdze: „Karalīne! Karalīne!", i tymā pat
momentā vysi treis duorznīki pīploka ar sejom pi zemis. Beja
dzierdamys daudzu sūļu skanis, i Alise vērēs apleik,
napacīteigi grybūt īraudzeit Karalīni.

Pyrmī atguoja desmit karaveiri, nasūt pykus, jī beja taidys
pat formys, kai duorznīki – īgaroni i ploskoni, ar kuojom i
rūkom styurūs, piec tuo guoja gaļminīki, vyscaur izrūtuoti ar
dymantim, vysi guoja pa divi, tai poš kai karaveiri. Piec jūs
guoja karaliskī bārni, vasali desmit, i mozī meilumeni guoja,
pasalākdami i turādamīs rūkuos pa divi, vysi beja izrūtuoti
ar sirsneņom. Tuoļuok beja gosti, leluokūtīs Karali i
Karalīnis, i storp jim Alise atpazyna Boltū Trusi, jis runova
sasteigti i uztraukti, smaidūt pretī vysam, kū jam saceja, i
paguoja garom napamanūt jū. Jam sekuoja Ercu Kolps,
nasūt Karaļa krūni iz tymsi sorkona velveta spylvyna, i ituos
grandiozuos procesejis beiguos guoja ERCU KARAĻS I
KARALĪNE.

Alise švuorbovuos, voi jai vajadzātu nūsaguļt zemē iz sejis,
kai tū dareja treis duorznīki, a jei nikai navarēja pīminēt par
taidu nūsacejumu procesejuos. „I bez tuo, kaida byutu
procesejis jāga," jei dūmova, „ka vysi cylvāki nūsagultu iz
sejis i nimoz tū naradzātu?" Deļ tuo jei mīreigi stuovēja i
gaideja.

Kod proceseja daguoja da Alisis, jī vysi apsastuoja i vērēs
iz jū, i tod Karalīne sirdeigi saceja: „Kas tei taida?" Jei
vaicova Ercu Kolpam, kurs viņ pasaklaneja i pasmaideja
atbiļdis vītā.

„Duraks!" saceja Karalīne, naīcīteigai krotūt golvu, i,
pasagrīžūt pret Alisi, jei turpynova: „Kai tevi sauc, bārns?"

„Mani sauc Alise, vysu cīneibu, Jiusu Augsteiba," saceja
Alise cīš pīkluojeigi, a dasaceja poša sev, „jī tak ir viņ kartu
kava, maņ nabyutu nu jūs juosabeist!"

„I kas ir *jī*?" saceja Karalīne, ruodūt iz treis duorznīku, kuri gulēja apleik rūžu kryumam; saprūtit, tai kai jī gulēja iz mutis i roksts iz jūs mugoru beja taids pats kai vysim puorejim nu kartu kavys, jei navarēja pasaceit, voi jī beja duorznīki, karaveiri, gaļminīki voi treis juos bārni.

„Kai lai es tū zynu?" saceja Alise, puorsteigta poša par sovu drūsumu. „Tei nav *muna* dareišona."

Karalīne palyka sorkona nu dusmis, i eisu šaļti jei vērēs iz jū ar nyknu skatīni kai zvārs, i tod jei īsabļuove: „Golvu jai nūst! Golvu –"

„Muļkeibys!" bolsā i puorlīcynūši saceja Alise, i Karalīne apklusa.

Karaļs izlyka rūku jai iz rūkys i klusai saceja: „Padūmoj, meiluo, jei tok ir viņ bārns!"

Karalīne sirdeigi aisagrīze i saceja Kolpam: „Pagrīz jūs ūtraižuok!"

Kolps tū izdareja gona maigi ar vīnu kuoju.

„Pīsaceļt!" grīzeigā, skaļā bolsā pavielēja Karalīne, i treis duorznīki iz reizis pīlēce kuojuos i suoce klaneitīs Karaļam, Karalīnei, jūs bārnim i vysim cytim.

„Pīteik!" klīdze Karalīne. „Maņ nu jiusu reibst golva." I tod, pasagrīžūt pret rūžu kryumu, jei turpynova: „Kū jius te darejot?"

„Atlaidit, lyudzu, Jiusu Augsteiba," saceja Divinīks, cīši pazemeigā tūnī, nūsamatūt iz vīna ceļa, „mes gribējom –"

„Es radzu!" saceja Karalīne, kas pa tū laiku pieteja rūzis. „Golvys jim nūst!" i proceseja vierzejuos tuoļuok, treis karaveri palyka pakaļ, kab struopeitu naboga duorznīkus, kas skrēja pi Alisis piec aizsardzeibys.

„Jums nanūcierss golvys!" saceja Alise i nūslēpe jūs lelā puču pūdā, kas stuovēja sūpluok. Treis karaveri blūdēja apleik minutu voi div, vaicojūt nūstruopātūs, i tod klusom maršēja tuoļuok pakaļ cytim.

„Voi jūs golvys ir nūst?" bļuove Karalīne.

„Jūs golvu nav, ka tys prīcej Jiusu Augsteibu!" karaveri bļaudami atbiļdēja.

„Tys labi!" bļuove Karalīne. „Voi jius muokat spēlēt kroketu?"

Karaveri klusēja i vērēs iz Alisi, tai kai vaicuojums drūsai viņ beja dūmuots jai.

„Nui!" atbļuove Alise.

„Tod ej šur!" ryuce Karalīne, i Alise pīsavīnova procesejai, gaideidama, kas byus tuoļuok.

„Itei – itei ir cīš loba dīna!" saceja nadrūss bolss juos pusē. Jei guoja sūpluok Boltajam Trušam, kas napacīteigi vērēs juos sejā.

„Cīš," pīkryta Alise. „Kur ir Hercogīne?"

„Čšš! Čšs!" saceja Truss zamā i steidzeigā bolsā. Jis napacīteigi vērēs puori placam, cikom runova, tod pasacēle iz pierstgolu, pīlyka muti pi juos auss i čukstēja: „Jei ir nūtīsuota!"

„Par kū?" vaicuoja Alise.

„Voi tu saceji „Cik žāļ!"?" puorvaicova Truss.

„Nā, nasaceju, aplīcynova Alise. „Es nadūmovu, ka tī varātu koč kuo byut žāļ. A praseju „Par kū?""

„Jei īsyta Karalīnei pa seju –" Truss īsuoce. Alise iz eisu šaļti īsasmēja. „Ak, klusej!" Truss čukstēja izbīdātā bolsā. „Karalīne tevi izdzierdēs! Tu redzi, jei atguoja par vālu, i Karalīne pasaceja –"

„Ījemit sovys vītys!" bļuove Karalīne pārkiuņa bolsā, i cylvāki suoce skrīt vysūs vierzīņūs, guožūtīs pi zemis, sasaskrīnūt, koč nu kai, jī ījieme sovys vītys minutys voi diveju laikā, i kaita suocēs.

Alisei ruodejuos, ka jei nikod nav redziejuse tik naporosta kroketa laukuma; tys vyss beja puorkluots ar vogom i kryvasim; bumbys beja dzeivi eži, kūka vasaru vītā beja dzeivi flamingo i karaveirim vajadzēja izlīkt sevi, kab nūsastuotu iz kuoju i rūku i izveiduotu vuortus.

Leluokuo problema, kū Alise nu suoku atkluoja, beja sova flamingo savaļdeišona – jai izadeve īlūceit juo mīsu tai, kab jis ārtai turātūs zam juos rūkys, cikom juo kuojis karinēja gar molom, a pa lelam, niule kai jei izadeve iztaisnuot juo koklu i jei gatavejuos īsist ežam ar juo golvu, tys puorsagrīze i vērēs jai acīs ar tik apjukušu sejis izteiksmi, ka jei navarēja beigt sprausluot i smītīs. I kod jei beja iztaisnuojuse juo golvu i gatavejuos vēļ vīnam sitīņam, ezs beja izatiņs nu komuleņa i raudzeja aizruopuot paceli. Nasaverūt iz tū, kod jei taisejuos izdareit sitīni, juos ceļā vysod beja voga voi kryvass, i tai kai karaveiri vysu laiku cēlēs kuojuos i guoja iz

cytom laukuma vītom, Alise saprota, ka tei pa eistam ir
gryuta kaita.

Vysi spālātuoji spēlēja kūpā, nagaidūt sovu kuortu, vysu
laiku streidūtīs i kaunūtīs par ežim, i mudri viņ Karalīne beja
īkorsuse i sirdeiga, syta ar kuojom i klīdze apmāram reizi
minutā: „Golvu jam nūst!" voi „Golvu jai nūst!"
Alise suoce justīs naārtai – jei vēļ cikom kas nabeja
nikaidys nasaskanis ar Karalīni, a jei zynova, ka tys var
nūtikt kuru kotru šaļti, „I tod," jei dūmova, „kas ar mani
nūtiks? Jim te cīši pateik atstuot cylvākus bez golvu,
breinums ir tymā, kai kaids vyspuor ir paļics dzeivs!"
Jei vērēs apleik, kab atrostu kaidu veidu, kai aizbēgt napa-
maneitai, tai dūmojūt, jei maneja naporostu paruodeibu
gaisā. Nu suoku jei apjuka, a piec tuo, kai paguoja minuta

voi div, jei saprota, ka itys ir smīns, i jei saceja sev: „Tys ir
Češirys Kačs – niule maņ byus ar kū parunuot."
„Kai tev īt?" praseja Kačs, koleidz juo mute beja
pasaruodejuse pīteikami, kab varātu runuot.
Alise gaideja, cikom juo acs byus radzamys, i tod pamuoja.
„Nav jāgys ar jū runuot," jei dūmova, „da tuo breiža, cikom
juo auss napasaruoda, vysmoz vīna nu jūs." Cytā šaļtī pasa-
ruodeja vysa golva, i tod Alise nūlyka zemē sovu flamingo i
suoce atstuosteit kaitys kūpsavylkumu, reizē prīcuodamuos,
ka ir kaids, kas jimā klausuos. Kačam ruodejuos, ka
pīteikams gobols nu juo ir radzams, i nikas vairuok nu juo
napasaruodeja.

„Es nadūmovu, ka jī vyspuor spēlej gūdeigi," Alise īsuoce,
tai kai syudzūtīs, „i jī tik troki streidīs, ka navar dzierdēt, kū
poši soka – i vyspuor redzīs, ka kaitai nav nikaidu
nūsacejumu, vysmoz, ka jī ir, nivīns jūs naīvāroj – i tu pat
navari īsadūmuot, cik itys ir jūceigi, spēlēt ar dzeivom
radeibom, pīvadumam, tī ir vuorti, kurim maņ juosyt cauri, i
jī pīsaceļ i aizīt iz laukuma golu, i maņ byutu juosyt pa
Karalīnis ezi niule, a jis aizbāga, īraugūt, ka munejais veļās
viersā!"

„Kai tev pateik Karalīne?" vaicova Kačs klusā bolsā.

„Napavysam napateik," saceja Alise, „jei ir tik –" niule jei
pamaneja, ka Karalīne ir tyvu i klausuos, jei turpynova, „–
tyvu uzvarai, ka nav jāgys turpynuot kaitu."

Karalīne pasmaideja i paguoja garom.

„Ar kū tu runoj?" saceja Karaļs, īmūt kluotyn Alisei, i
verūtīs iz Kača golvu ar lelu interesi.

„Tys ir muns draugs – Češirys Kačs," saceja Alise, „ļaujit
maņ jius īpazeistynuot."

„Maņ napavysam napateik juo izskots," atsaceja Karaļs,
„lai nu kai, jis var pasumynuot maņ rūku, ka gryb."

„Es lobuok atsasaceišu," Kačs dasaceja.

„Naasi nakauneigs," saceja Karaļs, „i nasaver iz mani tai!" jis aizguoja aiz Alisis mugorys, cikom runova.

„Kačs dreikst vērtīs iz Karali," saceja Alise, „es tū puorskaiteju gruomotā, tik naatguodoju kurā."

„Lai voi kai, jis juoaizvuoc!" izliemeigi saceja Karaļs i pasauce Karalīni, kura guoja garom: „Muna meiluo! Es grybātum, kab tu nūvuoc itū kači!"

Karalīne zynova viņ vīnu veidu, kai atrysynuot problemu, lelu voi mozu. „Golvu jam nūst!" jai saceja, nimoz napasaverūt apleik.

„Es atvesšu kātavuotuoju pats," napacīteigi saceja Karaļs i aizasteidze paceli.

Alise dūmova, ka jei var tikpat labi īt atpakaļ i pasavērt, kai turpynojās kaita, tai kai jei dzierdēja Karalīnis bolsu tuoļumā cīš klīdzam. Jei jau beja dzierdiejuse, kai treis spālātuojus nūtīsoj par tū, ka jī izlaiž sovu kuortu, i jai itys napavysam napatyka, deļ tuo, ka kaita beja cīš nasaprūtama, i jei nikod nazynova, voi ir juos kuorta. Deļ tuo jei aizguoja vaicuotu sova eža.

Ezs beja īsasaistejs kauteņā ar cytu ezi, kas Alisei ruodejuos loba īspieja īsist pa jim obejim, vīneiguo problema beja tymā, ka juos flamingo beja aizguojs iz ūtrū laukuma molu, i jei redzēja juo bezcereigūs raudzejumus izliduot kūkā.

Pa tū laiku, cikom jei sagiva flamingo i atnese jū atpakaļ, kauteņš beja beidzīs, i obeji eži beja pazuduši nu redzislūka: „A tys nav eipaši svareigi," dūmova Alise, „deļ tuo, ka vysi vuorti ir puorsavītovuši nu ituos laukuma pusis." Jei pasyta flamingo padusē, kab itys otkon naaizbāg, i guoja atpakaļ, kab vēļ strēčeiti parunuotu ar sovu draugu.

Kod jei atsagrīze pi Čеširys Kača, jei beja puorsteigta, radzūt samārā lelu boru ap jū. Tī nūtyka diskuseja storp kātavuotuoju, Karali i Karalīni, i vysi jī runova vīnā bolsā, cikom puorejī beja samārā klusi i izavēre, ka jī jiutās naārtai.

Šaļtī, kod pasaruodeja Alise, vysi treis izavielēja jū par tū, kurai juoatrysynoj streids, i jī atkuortova kotrs sovus argumentus Alisei, a tai kai jī runova vīnā bolsā, Alise atroda par saregžeitu saprast, kū jī saceja.

Kātavuotuoja arguments beja taids, ka navar nūcierst golvu, ka nav mīsys, kam jei pīstyprynuota, itai jis nabeja tū nikod dariejs, jis i nasataisēja suokt tū *sovys* dzeivis laikā.

Karaļa arguments beja, ka vysam, kam ir golva, var jū nūcierst, tai ka beņde runoj muļkeibys.

Karalīnis arguments beja taids – ka koč kas natiks dareits tymā pošā strēčē, tod jei pavēlēs nūcierst golvys vysim. (Tei beja pādejuo pīzeime, kas lyka vysai kompanejai izavērt dryumai i namīra pylnai.)

Alise navarēja izdūmuot nikuo lobuoka par itū: „Tys pīdar Hercogīnei, tai ka vaicuojit *jai* par jū."

„Jei ir cītumā," Karalīne saceja beņdei. „Atvedit jū ite." I kātavuotuojs aizašuove paceli kai bulta.

Kača golva suoce izgaist šaļtī, kod beņde beja prūm i kod jis atsagrīze ar Hercogīni, tei beja pagaisuse pavysam. Karaļs i kātavuotuojs trokumā skraidēja apleik, jū vaicojūt, cikom puorejī atsagrīze pi kaitys.

IX NŪDAĻA

Naeistuo Bruņurupuča stuosts

„Ju navari pat īsadūmuot, cik es asmu prīceiga tevi otkon redzēt, meiluo, vacuo draudzine!" saceja Hercogīne, sirsneigi pīlīkūt rūku Alisei pi sejis i juos aizguoja paceli kūpā.

Alise beja prīceiga, radzūt jū tik sirsneigu, i dūmova pi seve, ka tūreiz, kod juos sasatyka kuknē, pi juos mežūneiguo gorastuovūkļa varēja byut vaineigi viņ pypari.

„Kod es byušu hercogīne," jci saceja sev (juoatzeist, na vysai cereigā bolsā), „munā kuknē nabyus nikaidu pyparu. Virīņs var saīt lobs i bez jūs — Īspiejams, ka tī ir pypari, kas vysod padora cylvākus osus," jei turpynova, asūt cīši apmīrynuota, ka ir atroduse jaunu lykumsakareibu, „i etičs padora jūs saskuobušus, i kumeleitis padora jūs saryug- tynuotus, i – i – cukris i leidzeigys lītys padora bārnus par soldonim i meilim. Es viņ grybātum, kab lelī cylvāki tū *saprostu*, tod jī nabyutu tik skūpi ar soldonumim –"

Jei beja gondreiž pīmiersuse par Hercogīni, i beja nadaudz puorsteigta, kod dzierdēja juos bolsu tyvu pi sovys auss: „Tu koč kū dūmoj, meiluo, i tys līk tev aizamierst, ka juorunoj. Es navaru tev pasaceit, kaida morale tam ir, bet es dreizai atguoduošu.

„Varbyut tam nav moralis," Alise uzadreikstēja dasaceit.

„Nā, nā, bārns!" saceja Hercogīne: „Vysam ir morale, ka viņ tu vari jū atrast." I jei pīsaspīde tyvuok pi Alisis, cikom runova.

Alisei na vysai patyka atsarast jai tik tyvu, pyrmom kuortom, Hercogīne beja *cīši* nagleita, i ūtrom kuortom, jei beja tik lela auguma, ka varēja izlikt zūdu iz Alisis placa, i tys beja cīši oss zūds. Lai nu kai, jei nagribēja byut napīkluojeiga, tai ka jei tū cīte, cik labi viņ varēja.

„Kaita turpynojās daudz lobuok," jei saceja, kab vysmoz drusku turpynuotu sarunu.

„Tai ir," apstyprynova Hercogīne: „I morale ir – „Ak, tei ir mīlesteiba, tei ir mīlesteiba, tei līk zemei grīztīs!""

„Kaids saceja," Alise čukstēja, „ka zemislūde grīžās par tū, ka dora sovu dorbu i nalein cytu dareišonuos."

„Ak, labi! Tys gondreiž ir tys pats," atsaceja Hercogīne, īspīžūt dziļuok sovu osū zūdu Alisis placā i dasaceja, „itei morale ir – „Ryupejīs par dūmu, skanis pasaryupej par sevi pošys"."

„Kai jei pateik vysam dakuort morali," Alise padūmova pi seve.

„Es atsaļaušu minēt, ka tu dūmoj, deļ kuo es naaplīku rūku tev ap vydu," piec pauzis saceja Hercogīne, „īmeslis ir tys, ka es nazynu, kai izavess tovs flamingo. Varbyut paraudzeit?"

„Jis var īkūst," pīsardzeigi saceja Alise, naolkstūt juos apčeršonys.

„Taisneiba," pīkryta Hercogīne, „flamingo i sinepis – obeji kūž. I morale ir – „Vuorna vuornai acīs nalāc"."

„A sinepis tok nav putni," Alise pīzeimova.

„Pareizi, kai parosti," saceja Hercogīne, „cik gon saprūtami tu sakuortoj sovys dūmys!"

„Tys ir minerals, es dūmoju," turpynova Alise.

„Prūtams, ka ir," apstyprynova Hercogīne, izavēre, ka jei gotova pīkrist vysam, kū Alise soka. „Lela sinepu roktuve ir tepat natuoli. I morale ir – „Jū vairuok atrūnu es, jū mozuok ir, kū atrast tev"."

„Ak, es zynu!" īzasauce Alise, kas napīgrīze viereibys Hercogīnis pādejam izteicīņam, „tei ir sakne! Tys naizaver kai sakņaugs, a ir!"

„Es piļneigi pīkreitu tev," saceja Hercogīne, „i morale ir –
„Esi tys, par kū tev izaruoda, ka esi" – voi, ka gribi
vīnkuoršuok – „Nikod naīsadūmoj sevi par koč kū cytu, kai
tik par tū, kaida tu izalīc cytim, lai tys, kaida tu cytim redzīs,
vysod ir kas cyts, kaida tu patīseibā esi"."

„Maņ redzīs, es tū saprostu lobuok," pīkluojeigi saceja
Alise, „ka tys byutu saraksteits iz papeira, a es navaru eisti
tū izprast, kod tu tū soki."

„Tys nav nikas, kū es varātum izsaceit, ka tik vēļ
grybātum," glaimojūši saceja Hercogīne.

„Lyudzu, naapgryutinojit sevi pasokūt tū vēļ garuok!"
lyudze Alise.

„Ak, narunoj par gryuteibom!" saceja Hercogīne. „Es tev
duovynoju vysu īprīšk pasaceitū."

„Lāta duovona!" padūmova Alise. „Es prīcojūs, ka cylvāki
naduovynoj taidys duovonys dzymšonys dīnā!" Bet jei
naīsadrūsynova tū pasaceit bolsā.

„Otkon dūmoj?" vaicova Hercogīne i vēļ dziļuok damīdze ar
sovu osū zūdu.

„Maņ ir tīseibys dūmuot," atcierta Alise, deļ tam ka jai
suoce itys vyss apnikt.

„Tikpat daudz tīseibu," turpynova Hercogīne, „cik cyukom
ir iz liduošonu i m—"

A itamā vītā, Alisei par lelu puorsteigumu, Hercogīnis
bolss aizļyuza pa vydu juos meiluokajam vuordam „morale",
i rūka, kas beja savīnuota ar Alisis, suoce treisēt. Alise
pasavēre augšyn, kur stuovēja Karalīne ar suonūs saļyktom
rūkom i ryuce kai tyucs.

„Breineiga dīneņa, Jiusu Augsteiba!" īsuoce Hercogīne
klusā, vuorgā bolsā.

„Niule es tevi breidynoju," bļuove Karalīne, sytūt ar
kuojom pi zemis. „Voi nu tev, voi tovai golvai juopagaist, i
tam juonūteik iz pusi mudruok, kai itamā pošā šaļtī!
Izavēlej!"

Hercogīne izalasēja i pagaisa pusšaļtī.

„Īmam turpynuotu kaitu," saceja Karalīne Alisei, i Alise beja puoruok nūsabeiduse, kab pasacātu vuordu, i lānai sekova jai iz kroketa laukumu.

Puorejī gosti beja izmontuojuši Karalīnis prūm byušonu i atsapyute pakrieslī. Lai voi kai, šaļtī, kod jī jū īraudzeja, vysi steidzēs atpakaļ pi kaitys, zynūt, ka moza nūsakaviešona varātu moksuot jim dzeiveibu.

Vysu laiku, cikom jī spēlēja, Karalīne napuortrauce streideitīs ar cytim spālātuojim, bļaunūt „Golvu jam nūst!" voi „Golvu jai nūst!" Tūs, kurūs jei nūtīsova, karaveiru pavadeibā nūvede iz cītumu, karaveirim itamā šaļtī, saprūtams, beja juopuortrauc tāluot vuorti; tai ka iz beigu pusstuņdi voi vaira, nabeja nivīnu vuortu, i vysi cylvāki, izjamūt Karali, Karalīni i Alisi, beja cītumā i nūtīsuoti iz nuovi.

Tod Karalīne puorstuoja byut tik tracynūša i nūguruse saceja Alisei: „Voi tu jau esi satykuse Naeistū Bruņurupuci?"

„Nā," saceja Alise, „es pat nazynu, kas varātu byut Naeistais Bruņurupucs."

„Tei ir līta, nu kuo gatavej Naeistuo Bruņurupuča zupu,"[2] saceja Karalīne.

„Es nikod taidu naasmu ni redziejuse, ni par taidu dzierdiejuse," saceja Alise.

„Tod īsim," saceja Karalīne, „i jis tev pastuosteis sovu stuostu."

Kod jī guoja paceli, Alise dzierdēja Karali, kluseņom sokūt: „Jius vysi asat apžāluoti." „O, tei ir loba līta!" jei saceja sev, deļ tam, ka vysu Karalīnis nūtīsuotū deļ jei jutuos gona nalaimeiga.

Piec šaļtenis jī satyka Greifu, kas cīšā mīgā gulēja sauleitē. (Ka jius nazinit, kas ir Greifs, pasaverit biļdis.) „Augšyn, slynkuo radeiba!" saceja Karalīne, „i nūved itū jaunū radeibu

---

2 Tai jū sauc, bet pagataveišonai angļi jamūt tcļa gaļu.

pi Naeistuo Bruņurupuča, i pasaklausit juo stuostu. Maņ juoīt atpakaļ i juodasaver, kai teik izpiļdeitys pīsprīstuos struopis." I jei aizguoja, atstuojūt Alisi vīnatnē ar Greifu. Alisei na eisti patyka radejuma izskots, a kūpumā jei pīzyna, ka paļikt ar jū ir drūsuok, kai sekuot mežūneigajai Karalīnei, i jei palyka.

Greifs atsasāda i iztryna acs, tod jis vāruoja Karalīni, cikom jei pazuda ocu skatīņam, i kikinova. „Kaida jautreiba!" jis saceja pa pusei sev, pa pusei Alisei.

„Kas ir jautreiba?" puorvaicova Alise.

„Kas? Jei," saceja Greifs. „Tys vyss ir juos iztēlē, jei nikod nivīnam nanūcierš golvu. Īmam!"

„Ite vysi sokaīmam!" dūmova Alise, cikom lānai guoja jam nu pakalis. „Maņ nikod dzeivē itik daudz nav pavālāts, nikod!"

Jī nabeja nikur tuoli aizguojuši, kod pa gobolu īraudzeja Naeistū Bruņurupuci, kas vīntuļs i skumeigs sēdēja iz akmiņa, i, kod jī daguoja tyvuok, Alise jū dzierdēja nūsapyušam tai, kaiba jam sirds lyuztu iz pusem. Jai patīšom beja juo cīši žāļ. „Kas jam par bādom?" jei pavaicova Greifam, i Greifs atbiļdēja leidzeigūs vuordūs kai pyrma: „Tys vyss ir juo golvā, ka jam ir skumeigi, voi zini, nu. Īmam!"

Tod jī guoja kluot Naeistajam Bruņurupučam, kurs iz jim vērēs ar lelom, osoru pylnom acim, a nasaceja nikuo.

„Itei jaunuo dāma," saceja Greifs, „jei gryb dzierdēt tovu stuostu, teišom."

„Es jai jū pastuosteišu," atbiļdēja Naeistais Bruņurupucs, dziļā kryuteža bolsā. „Dasasiestit i nasokit ni vuorda, cikom es nabyušu pabeidzs."

Tai jī atsasāda, i puoris minutys nivīns narunova. Alise pi seve nūdūmova: „Es nasaprūtu, kai jis var koč kū pabeigt, ka nav *pat* suocs." A jei pacīteigi gaideja.

„Vīnu reizi," beidzūt saceja Naeistais Bruņurupucs ar dziļu nūpyutu, „es beju eists Bruņurupucs."

Piec itūs vuordu sekova ilgs klusums, kurs tyka puortraukts viņ ar atsakuortojūšu Greifa saucīni „Hjckrrh!" i Naeistuo Bruņurupuča pastuoveigajom nūpyutom. Alise gondreiž jau pīsacēle i pasaceja: „Paļdis, par jiusu aizraujūšū stuostu," a jei navarēja beigt dūmuot, ka tī vēļ koč kam *juobyun*, dcļ tam jei sēdēja i nikuo nasaceja.

„Kod mes bejom mozeni," Naeistais Bruņurupucs atsuoce jau mīreiguok, a vīnolga kas pa strēčeitei nūsapyušūt, „mes guojom iz jinrys školu. Myusu školuotuojs beja vacs Bruņurupucs – mcs jū saucem par Vuiceituoju –"

„Deļ kam jyus jū saucat par Vuiceituoju, voi tod jis nabeja Bruņurupucs?"

„Mes jū tai saucem deļ tam, ka jis myus vuiceja," saceja Naeistais Bruņurupucs sirdeigi. „Tīšom, tu esi kai bez pruota!"

„Tev byutu juosakaunej, ka tu aizdūd tik muļkeigus vaicuojumus!" dasaceja Greifs, i tod jī obeji apklusa i vērēs iz naboga Alisi, kura bcja gotova izkrist cauri zemei. Beidzūt

Greifs saceja Naeistajam Bruņurupučam: „Brauc tuoļuok, vacais draugs! Nadūmoj vysu dīnu niule par tū!" I jis turpynova taidim vuordim:

„Mes guojam iz jiurys školu, koč ari tu tam natici –"

„Es nikod naasmu sacejuse, ka es natycu!" puortrauce Alise.

„Saceji gon," atsaceja Naeistais Bruņurupucs.

„Turi mēli aiz zūbu!" nūvylka Greifs, cikom Alise otkon nabeja suokuse runuot. Naeistais Bruņurupucs turpynova.

„Muns beja lobuokuo apvuiceiba – eisteneibā, mes guojom iz školu kotru dīnu –"

„Es ari *asmu* guojuse dīnys školā," saceja Alise: „Tev par tū navajadzātu byut tik lapnam."

„Ar eipašim papyldprīškmatim?" Naeistais Bruņurupucs vaicova nadaudz ziņkuoreigi.

„Nui," saceja Alise, „mums beja fraņču volūda i muzyka."

„A mozguošona?" otkon vaicuoja Naeistais Bruņurupucs.

„Nūteikti nā!" saceja Alise ar sašutumu.

„Eh, tod jau jiusejuo nabeja eipaši loba škola," ar lelu atvīgluojumu turpynova Naeistais Bruņurupucs. „Pi tuo, *myusejā* beja papyldu: „franču volūda, muzyka i *mozguo-šona*"."

„Redzīs, ka dzeivojūt jiurys dybynā, piec tuos gon nabeja eipašys vajadzeibys," saceja Alise.

„Es navarieju tū atsaļaut – vuiceitīs," saceja Naeistais Bruņurupucs ar nūpyutu. „Es vuicejūs viņ pamata prīškmatus."

„I kaidi tī beja?" vaicuoja Alise.

„Kaitiešona i baksteišona, saprūtams," atbiļdēja Naeistais Bruņurupucs, „i tod vysaidys aritmetikys nūzaris – sakaity-nuošona, nūsajimšona, rācynuošona i apdaleišona."

„Es nikod naasmu dzierdejuse par „rācynuošonu"," Alise pasasteidze puorvaicuot. „Kas tys ir?"

Greifs puorsteigumā pacēle depis i īsasauce: „Kas! Nikod nav dzierdiejuse par rācynuošonu! Tu tok zini, kū nūzeimoj skaistynuošona?"

„Nui," ar švuorbom saceja Alise: „Tys ir padareit – koč kū – skaistuoku."

„Nu tod," Greifs turpynova, „tod, ka tu nazini, kas ir rācynuošona, tod tu esi vīntīse."

Alise nasajuta tik drūsa, kab vaicuotu vēļ koč kū par itū temu, deļ tam jei pasagrīze pret Naeistū Bruņurupuci i praseja: „Kū vēļ tu esi vuicejīs?"

„Nu, beja Mistereja," Naeistais Bruņurupucs atbiļdēja, skaitūt prīškmatus iz sovu pleznu, „– mistereja, senejuo i myusu dīnu, i jiurysgrafeja – tod vēļ beja zeileišona, kurys pasnīdziejs beja vacs elektriskais zuts, kas guoja pi mums reizi nedeļā, jis mums vuiceja zeileišonu, streipuošonu i pleznuošonu eļļā."

„Kai *tys* beja?" saceja Alise.

„Nu, es pats tev navaru paruodeit," saceja Naeistais Bruņurupucs, „es asmu par steivu. I Greifs tū nikod nav vuicejīs."

„Nabeja laika," taisnojuos Greifs, „es guoju pi klasikys školuotuoja. Jis beja vacs krabs, *jis* beja."

„Es nikod pi juo naguoju," ar nūpyutu saceja Naeistais Bruņurupucs, „jis vuiceja ūļu i rīvu, tai vysmoz stuosteja."

„Tai tys beja, tai tys beja," saceja Greifs, ari nūsapyušut, i obeji radejumi nūslēpe sejis sovuos depēs.

„I cik stuņdis dīnā jums beja juosavuica?" steidzeigi maineja tematu Alise.

„Desmit pyrmajā dīnā," saceja Naeistais Bruņurupucs, „devenis ūtrajā dīnā i tai tuoļuok."

„Cik interesants nūdarbeibu saroksts!" īsasauce Alise.

„Tys ir īmeslis, par kū tū sauc par sarokstu," Grifs dasaceja, „tū roksta, roksta, cikom saroksta."

Tei beja samārā jauna ideja deļ Alisis, i jei par tū vēļ reizi padūmova, pyrma izsaceja cytu pībiļdi. „Tod jau vīn-padsmitajai dīnai vajadzēja byut breivdīnai?"

„Saprūtams, ka tai i beja," saceja Naeistais Bruņurupucs.

„I kū jius darejot divpadsmitajā dīnā?" Alise otkon atgiva interesi.

„Pītiks runuot par nūdarbeibom," puortrauce Greifs cīši nūpītnā tūnī: „Niule pastuosti jai koč kū par kaitom."

X. NŪDAĻA

Omaru kadriļa

*N*aeistais Bruņurupucs smogi nūsapyute i izslauceja
acs ar pleznys viersu. Jis pasavēre iz Alisi i raudzeja
runuot, a minuti voi divejis alsys sluopēja juo bolsu. „Tai,
kaiba jam byutu kauls reiklē," saceja Greifs, i suoce krateit
jū i sist jam pa mugaru. Beidzūt Naeistais Bruņurupucs
atgive bolsu i, osorom takūt pa byudim, atsuoce runuot:
„Tu nūteikti naesi ilgi dzeivovuse jiurā –" („Nā, naasmu,"
saceja Alise.) „– i īspiejams tu nikod naesi bejuse īpazeisty-
nuota ar omaru –" (Alise īsuoce: „Es vīnu reizi pagaršuoju –
", a apsačēre i steigā saceja, „Nā, nikod") „– tod tev nav ni
mozuokuos saprasšonys, cik brcineiga ir Omaru Kadriļa!"
„Nā, nav," saceja Alise. „Kaida veida deja tei ir?"
„Tai," turpynova Greifs, „nu suoku tu izveidoj eili gar
jiurys molu –"
„Div eilis!" raudova Naeistais Bruņurupucs. „Jiurys
zirdzeni, bruņurupuči, laši i tai tuoļuok. Tod, kod tu esi
nūlasejs vysys meduzys nu ceļa –"
„*Tys* parosti prosa lobu laiku," puortrauce Greifs.
„– tu ej iz prīšku div reizis –"

„Kotru reizi ar omaru kai deju partneri!" īsasauce Grifs.

„Saprūtams," saceja Naeistais Bruņurupucs, „ej iz prīšku divi reizis, nūstuodi partnerus –"

„– samaini omarus i ej atpakaļ taidā pat kuorteibā," turpynova Greifs.

„Tod, tu zini," Naeistais Bruņurupucs turpynova, „tu svīd –"

„Omarus!" bļuove Greifs, pasalācūt gaisā.

„– tik tuoli jiurā, cik viņ vari –"

„Mauņ jam pakaļ!" bļuove Greifs.

„Apsvīd kiulini jiurā!" īsasauce Naeistais Bruņurupucs, īsaskrīnūt i prīceigi palācūt gaisā.

„Atsagrīz krostā i tei ir vysa pyrmuo daļa," saceja Naeistais Bruņurupucs, nagaideiti klusynojūt bolsu, i obejis radeibys, kas niule laksteja apleik kai nagudrys, otkon atsasāda, skumeigi i klusu, i vērēs iz Alisi.

„Tai juobyun cīši breineigai dejai," kautreigi saceja Alise.

„Voi tu grybātim kaidu trupeiti nu tuos redzēt?" vaicova Naeistais Bruņurupucs.

„Cīš," saceja Alise.

„Ej, paraudzeisim pyrmū daļu!" paklīdze Naeistais Bruņurupucs i Greifs. „Mes tū varim izdareit bez omaru. Kurs dzīduos?"

„Dzīdi *tu*," saceja Greifs, „es asmu aizmierss vuordus."

Tai jī īsuoce svineigi doncuot apleik Alisei, kas pa strēčeitei uzkuopūt jai iz pierstu golu, kod guoja gorom par tyvu, i vycynūt ar prīškys depem, kab uzturātu rytmu, cikom Naeistais Bruņurupucs dzīdova cīš lānai i biedeigai:

„*Voi tu īsi drusku dreizuok?*" *heks glīmežam papraseja.*
„*Ir tik tyvu delfins, munai astei uzkuopis jau.*
Redz, cik omari i bruņurupuči jautri prīškā!
Jī iz ūlim tevi gaida – voi lieksi dzygā īškā?"

Voi tu gribi, voi tu vari dīt i smīt?
Voi tu gribi, voi tu vari dīt i smīt?

„*Tu pat navari īsadūmuot, cik breineigi byus tys,*
Kod jī paceļs myus kūpā ar omarim i jiurā svīss!"
A glīmezs atbiļdēja: „Par tuoli, par tuoli! " *I pasavēre škeibi*
    jis –
Pasaceja laipni hekam paļdis, a dzygai napīsavīnova jis.
    Nagryb, navar, nagryb, navar dīt i smīt!
    Nagryb, navar, nagryb, navar dīt i smīt!

„Kaida nūzeime, cik tuoli?" saceja juo spuru draugs.
„Tī ir ūtrys krosts, voi zini, ūtrā pusē, rau.
Byusi tuoļ nu Anglejis, krissi tyvuok Francejai.
Meilais glīmez, nastuov' buols, ej i pīsavīnoj dejai!
 Voi tu gribi, voi tu vari dīt i smīt?
 Voi tu gribi, voi tu vari dīt i smīt?"

„Paļdis, pateišom ir breineigi vāruot itū deju," saceja Alise, asūt prīceiga, kod dzyga beidzēs. „I maņ pateik itei naparostuo dzīsme par heku!"

„Kas atsatīc iz sudobruotajim hekim," saceja Naeistais Bruņurupucs: „jūs – tu tok esi jūs redziejuse, pareizi?"

„Nui," apstyprynova Alise, „es jūs bīži radzu pušdiņ—" i jei apsaruove pusvuordā.

„Es nazynu, kur Pušdīnis var byut," saceja Naeistais Bruņurupucs, „a, ka tu jūs esi bīži redziejuse, tod jau zini, kaidi jī ir."

„Dūmoju gon," dūmeigi atbiļdēja Alise. „Jim ir astis mutē i juos ir puorkluotys ar drupačom."

„Tev nav taisneiba par drupačom," saceja Naeistais Bruņurupucs, „drupačys jiurā nūsaskoluotu. A jom *ir* astis mutē, i īmeslis tam ir –" itamā šaļtī Naeistais Bruņurupucs nūsažuovova i aiztaisēja acs, „pastuost jai par īmesli i vysu puorejū," jis saceja Greifam.

„Īmeslis ir," suoce Greifs, „ka jī *gryb* doncuot ar omarim. Pituo jī teik izmasti nu jiurys. Pituo jim ilgi juokreit. Pituo jī īlīk asti mutē. Tod jī navar juos dabuot uorā. Tys ari vyss."

„Paļdis," saceja Alise, „tys ir cīš interesanti. Es pirmeit nazynovu tik daudz par sudobruotajim hekim."

„Es tev varu pastuosteit vairuok, ka gribi," saceja Greifs. „Voi tu zini, deļ kam tū sauc par sudobruotū heku?"[3]

---

3 Angļu volūdā vuordam *whiting* ir vairuokys nūzeimis: 1) balsynomais kreits; 2) sudobruotais heks.

„Nikod naasmu par tū dūmovuse," saceja Alise. „Deļ kam?"

„Jis dora zuobokus i kūrpis," svineigai saceja Greifs.

Alise jutuos cīši apjukuse. „Dora zuobokus i kūrpis!" jei atkuortova dūmeigā bolsā.

„Tai, kas ir darejs tovys kūrpis?" vaicuoja Greifs. „Es dūmoju, kas juos dora tik speideigys?"

Alise pasavēre iz sovu kūrpu, pyrma atbiļdēja, padūmova: „Juos ir spūdrynuotys ar malnu kūrpu smēri, maņ redzīs."

„Zuoboki i kūrpis jiurā," Greifs turpynova klusuokā bolsā, „teik spūdrynuoti ar boltū kreitu. Niule tu zini."

„I nu kuo tū var īgiut?" Alise vaicova pīaugūšā ziņkuoreibā.

„Nu paltusim i zušim, saprūtams," naīcīteigi atbiļdēja Greifs, „kura kotra garnele varātu tev tū pastuosteit."

„Ka es byutu sudobruotais heks," saceja Alise, kurys dūmys vēļ kavējuos pi dzīsmis, „es atbyldātu delfinam: „Atsakuop, lyudzu, mes nagribim tevi pi myusu!""

„Jim beja obligati jei juojam pi seve," Naeistais Bruņurupucs īsamaiseja, „nivīna gudra zivs nikur nasadūtu bez delfina."

„Voi patīšom?" puorsteigta puorvaicova Alise.

„Saprūtams, nā," saceja Naeistais Bruņurupucs, „ ka zivs atītu pi mane, i pasaceitu, ka jei laižās ceļuojumā, es vaicuotum: „Ar kaidu delfinu?""

„Vai tu dūmoj „vēļ vīnu"? saceja Alise.

„Es dūmoju, kū es soku," Naeistais Bruņurupucs atbiļdēja apvainuotā tūnī. I Greifs dasaceja: „Labi, pasaklauseisim kaidu nu tovu pīdzeivuojumu."

„Es jums varātum pastuosteit par sovim pīdzeivuojumim, kas suocēs itymā reitā," nadrūsai saceja Alise, „a nav nikaidys jāgys runuot par vakardīnu, deļ tam ka tod es beju piļneigi cyts cylvāks."

„Paskaidroj itū vysu," saceja Naeistais Bruņurupucs.

„Nā, nā! Nu suoku pīdzeivuojumi," atkuortova Greifs napacīteigā tūnī, „paskaidruojumi ir tik šausmeigi garlaiceigi."

Tai Alise īsuoce stuosteit sovus pīdzeivuojumus nu šaļts, kod jei pyrmū reizi īraudzēja Boltū Trusi. Jei beja drupeit sasatraukuse, deļ tam ka obeji radejumi ar *tik* plotai atplāstom acim i mutem beja pīguojuši jai tik tyvu nu obeju pušu, a tod jei paļyka drūsuoka i turpynova. Juos klauseituoji beja piļneigi klusi da strēčei, kod jei daguoja pi tuo, kai jei Kuopuram skaitejuse dzejūli „*Tu esi vacs, Tāvs Viļjam*", i vysi vuordi tymā beja sagrūzeiti, tod Naeistais Bruņurupucs īvylka dziļu olpu i saceja: „Tys ir aizraujūši!"

„Tys vyss ir tik interesanti, cik vyspuor var byut," dasaceja Greifs.

„I vyss saguoja sovaižuok!" Naeistais Bruņurupucs dūmeigi atkuortova. „Es grybātum, kab jei raudzeitu koč kū atkuortuot nu dzejūļa. Soki, lai jei suoc." Jis pasavēre iz Greifu, kaiba jis byutu koč kaida daudz leluoka autoritate Alisei.

„Pīsaceļ i atkuortoj „*Itys ir sliņķa bolss*"," saceja Greifs.

„Kai itī radejumi var pavēlēt atkuortuot koč kū!" dūmova Alise. „Es jiutūs gondreiž kai školā." Lai nu kai, jei pīsacēle i suoce atkuortuot, a juos golva beja pylna ar Omaru Kadriļu, tai ka jei knapi saprota, kū runoj, i vuordi saguoja patīšom sovaidi:

„*Tys ir omara bolss, es dzierdieju tū sokūt,*
„*Tu esi puorceps mani bryunu, vajag cukra maņ motūs.*"
Tai kai peile ar gnēzi, tai jis ar dagunu
Pucej sovu jūstu i pūgys, izrūtoj sovys pādys.
Kod vysys smiļts ir sausys, jis ir kai ceiruļs jautrs,
I runuoj jis Haizivs bolsā nīvuojūši,
A, kod jiura sasaceļ i haizivis ir apleik,
Juo bolss kautreigi pīticeiga palīk."

„Tys ir atškircigi nu tuo, kū es zynovu, kod beju bārns," saceja Greifs.

„Nu, es nikod taidu naasmu dzierdiejs," nūvylka Naeistais Bruņurupucs, „bet izaklausa piec nasaskaneigu muļkeibu."

Alise nikuo nasaceja; jei beja apsasāduse i turēja seju plaukstuos, dūmojūt, voi vyspuor *kaidu reizi* koč kas otkon nūtiks normali.

„Maņ patyktu, ka tu tū izskaidruotu," saceja Naeistais Bruņurupucs.

„Jei tū navar paskaidruot," bylda Greifs. „Turpynoj ar *cytu* eileņu."

„Bet par juo pādim?" naatsalaide Naeistais Bruņurupucs.
„Kai jis *varēja* juos pucēt ar dagunu?"

„Tei ir doncuošonys pyrmuo poziceja," Alise saceja, bet beja cīši apjukuse nu tuo vysa i gribēja puormeit tematu.

„Turpynoj ar cytu eili," naīcīteigi saceja Greifs, „jei suocēs ar *„Gar juo suodu guoju es"*."

Alise nauzadrūsynova napaklauseit, koč dūmova, ka vyss otkon saīs na tai, jei turpynova:

> *„Gar juo suodu guoju es, i pamaneju ar vīnu aci,*
> *Kai Palāda ar Panteru peirāgu daleja tymā placī...*
> *Pantera pajēme peirāgu, mērci i gaļu,*
> *Cikom Palādai beja bļūda, kū ari sauce par cīnasta daļu.*
> *Palāda palyka deveiga, kod peirāgu apēde vysi,*
> *Ar laipnu atļuovi jei pajēme lizi,*
> *Cikom Pantera pajēme nazi i dakšu, vāg tā,*
> *I balle bej' slāgta—"*

„Kaida ir jāga nu ituo vysa atkuortuošonys?" Naeistais Bruņurupucs puortrauce, „ka tu napaskaidroj, pyrma runoj tuoļuok? Tik tuoli tys ir pats nasaprūtamuokais, kū es asmu dzierdiejs!"

„Nui, es dūmoju, lobuok puorstuoj," saceja Greifs, i Alise beja cīši prīceiga paklauseit.

„Voi raudzeisi vēļ vīnu figuru nu Omaru dejis?" Greifs turpynova. „Voi ari tu grybātim, kab Naeistais Bruņurupucs tev nūdzīd dzīsmi?"

„Voi, lobuok dzīsmi, lyudzu, ka Naeistais Bruņurupucs byutu tik lobs," Alise atbiļdēja tik energiski, ka Greifs saceja samārā apvainuotā tūnī: „Hm! Gaumis ir vysaidys! Nūdzīdi jai *„Bruņurupuču zupu"*, labi, vacais draugs?"

Naeistais Bruņurupucs dzili nūsaeļse i suoce, koč bolss šaļtim aizažņaudze:

Breineiguo zupa, tik boguota, zaļa,
Gaida myus terinē, taisit viņ vaļā!
Kurs taidu gordumu nalūcēs īškā?
Vokora zupa breineiguo, seņ jau mums prīškā!
Vokora zupa breineiguo, seņ jau mums prīškā!
Brei—neiguo zu—upa!
Brei—neiguo zu—upa!
Voko—o—ora zu—upa,
Breineiguo, breineiguo zupa!

Breineiguo zupa! Kam svareigys spēlis voi zivs,
voi cyts iedīņs kaids tyvs?
Kurs gon nadūtu vysu par div
peneju vārtū breineigū zupu?
Div peneju vārtū breineigū zupu?
Brei—neiguo zu—upa!
Brei—neiguo zu—upa!
Voko—o—ora zu—upa,
Breineiguo, breineiGUO ZUPA!

„Vēļ reizi korā!" bļuove Greifs, i Naeistais Bruņurupucs
suoce tū atkuortuot, kod nu tuoļuma beja sadzērdams
saucīņs: „Tīsa mudri suoksīs!"

„Nu, īmam!" bļuove Greifs, i, pajamūt Alisi pi rūkys, skrēja
paceli, nasagaidūt dzīsmis beigys.

„Kas tei par tīsu?" Alise eļse, cikom skrēja, a Greifs
atbiļdēja viņ „Nu skrīnam!" i skrēja, cik dreiži varēja, cikom
vys mozuok beja dzierdama dzīsme, viņ skanēja vēļ vieja
atnastī melanholiskī vuordi:

Voko—o—ora zu—upa,
Breineiguo, breineiguo zupa!

Kurs nūzoga peirāgu?

Kod jī īsaroda, Ercu Karaļs i Karalīne sēdēja sovūs trūņūs, i lels pyuļs stuovēja jim apleik – vysu veidu mozi zvāri i putni, vysa kartu kava, prīškā stuovēja važuos Kolps, kotrā pusē pa kareiveiram, kas jū sorgova, sūpluok Karaļam beja Boltais Truss ar trompeti vīnā i pergamenta rulli ūtrā rūkā. Tīsys pošā vydā beja golds ar lelu peirāgu škeivi viersā, i peirāgi izavēre tik gordi, ka Alise pasajuta olkona, cikom iz jim vērēs. „Kai es grybātum, kab tīsys process byutu beidzīs," jei dūmova, „i mes varātumem čertīs pi uzkūdu!" A naizavēre, ka koč kas tyvojās beigom, tai ka jei suoce vāruot vysu, kas beja apleik, kab nūsystu laiku.

Alise vēļ nikod nabeja bejuse zvārynuotūs tīsā, a beja par itū skaitejuse gruomotuos, i beja gona apmīrynuota ar tū, ka zynova vuordu gondreiž vysam, kas tī beja. „Tys ir tīsness," jei saceja sev, „deļ juo leluos parūkys."

Tīsness, cyta storpā, beja Karaļs, i tai kai iz parūkys jis beja izlics krūni (pasaverit titullopā, ka gribit redzēt, kai itys izavēre), naizavēre, ka jis justūs ārtai, i vyss tys kūpā nūteikti naizavēre jam pīmāruoti.

„I te ir zvārynuotūs sūls," dūmova Alise, „i tī divpadsmit radejumi" (jai beja juosoka „radejumi", deļ tuo ka jūs storpā beja gon putni, gon zvāri) „es dūmoju, jī ir zvārynuotī."

Pādejū vuordu jei atkuortova div voi treis reizis pi seve, asūt gona lapna deļ tuo, ka jei dūmova, i gona pareizi, ka na daudzys meitinis juos vacumā zyna vysa ituo nūzeimi. Lai nu kai, „tīsys cylvāki" skanātu tikpat labi.

Divpadsmit zvārynuotī beja cīši aizjimti, rokstūt iz tafeleitem. „Kū jī dora?" Alise čukstēja Greifam. „Jim tak nav, kū raksteit, cikom tīsa nav suokusēs."

„Jī pīroksta sovus vuordus," Greifs taipoš čukstūt atbiļdēja, „kab vyss byutu gūdeigi, jim jī juoaizmierst da tīsys beigu."

„Cik muļkeigi!" Alise īsuoce skaļā i sašutušā bolsā, a mudri apsaruove, deļ tuo ka Boltais Truss īsabļuove: „Klusumu tīsā!" i Karaļs izlyka okulerus i napacīteigs vērēs apleik, kab saprostu, kurs runova.

Alise redzēja tik labi, kaiba stuovātu zvārynuotajim aiz placu, ka jī vysi pīraksteja „Cik muļkeigi!" jūs tafeleitēs, i jei pat saprota, ka vīns nu jūs nazynova, kai pīraksteit vuordu „muļkeigi", i jam vajadzēja vaicuot sūpluok sādātuoja paleidzeibys. „Lels juceklis byus jūs tafeleitēs da tīsys beigu!" dūmova Alise.

Vīnam zvārynuotajam beja skruopejūšs kreita gabaleņš. I tū, saprutams, Alise navarēja izturēt, apguoja apleik tīsai i tyka jam aiz mugorys, i piec šaļtenis jai pasaruodeja īspieja jū pajimt. Jei izdareja tū tik mudri, ka naboga mozais zvārynuotais (tys beja Bils, škierzlots) nikai navarēja saprast, kas nūtyka, i jam vajadzēja raksteit ar vīnu pierstu vysu atlykušū dīnu, i nu tuo beja moza jāga, deļ tuo ka jis naatstuoja nikaidys zeimis iz tafelis.

„Ziņuotuoj, puorskaitit apsyudzeibu!" saceja Karaļs.

Tamā šaļtī Boltais Truss treis reizis īpyute trompetē, attyna pergamenta rulli i nūskaiteja:

Kod Ercu Dama izcepe peirāgu gordu,
I cepe vysu vosorys dīnu duorgu,
Tod Ercu Kaļpeņš nūzoga tū vēļ korstu,
I pajēme leidza iz tuolū krostu!

„Apdūmojit sovu lāmumu," Karaļs saceja zvārynuotajim.

„Vēļ nā, vēļ nā," steidzeigi saceja Truss. „Vēļ daudz kas da tuo juopadora!"

„Izsaucit pyrmū līcinīku," saceja Karaļs. Truss īpyute trompetē treis reizis i īzasauce: „Pyrmais līcinīks!"

Pyrmais līcinīks beja Capurnīks. Jis izguoja ar čaja tasi vīnā i svīstmaizi ūtrā rūkā. „Es atsavainoju, Jiusu Augsteiba," jis īsuoce, „par itūs lītu īneššonu, tok es nabeju pabeidzs dzert čaju, pyrma mani izsauce."

„Tev beja juopabeidz," saceja Karaļs. „Kod tu īsuoki?"

Capurnīks pasavēre iz Marta Zači, kas sekuoja jam tīsā, pi rūkys Susuram. „Maņ redzīs, četrpadsmitajā martā," jis saceja.

„Pīcpadsmytajā," papyldynova Marta Začs.

„Sešpadsmytajā," lobova Susurs.

„Pīrokstit itū," Karaļs saceja zvārynuotajim, i zvārynuotī napacīteigi pīraksteja vysus treis datumus iz sovu tafeleišu, tod saskaiteja tūs i puormeja šileņūs i pensūs.

„Nūjem sovu capuri," Karaļs saceja Capurnīkam.

„Tei nav muna," atbiļdēja Capurnīks.

„Nūzogta!" Karaļs īzasauce, pīsagrīžūt zvārynuotajim, kas par reizi atzeimova tū iz sovu tafeleišu.

„Es tuos globoju puordūšonai," dasaceja Capurnīks, kab paskaidruotu. „Maņ nav nivīnys sovys. Es asmu capurnīks."

Te Karalīne izlyka sovus okulerus i suoce bleņzt iz Capurnīku, kurs palyka bolts nu bailis.

„Paruodi pīruodejumus," saceja Karaļs, „i nasasatrauc, voi ari es likšu tev nūcierst golvu ite pat."

Tys naīdrūsynova līcinīku, jis turpynova meicētīs nu vīnys kuojis iz ūtrys, namīreigi verūtīs iz Karalīni, i itymā apjukumā jis nūkūde lelu gobolu sovai čaja tasei svīstmaizis vītā.

Taišni itamā šaļtī Alise sajuta kū naporostu, kas lyka jai sasajust apjukušai, cikom jei saprota, kaš nūtcik – jei otkon suoce augt leluoka, ñu suoku jci dūmova, ka jai vajadzātu pīsaceļt i pamest tīsu, a tod jei izlēme palikt sovā vītā, cikom jai jamā pītiks vītys.

„Es grybātum, kab tu puortrauktu tai mīgtīs," saceja Susurs, kas sēdēja jai sūpluok. „Es knapi varu paelpuot."

„Es tī nikuo navaru padareit," pazemeigi saceja Alise, „es augu."

„Tev nav tīseibu te augt," ībylda Susurs.

„Narunoj muļkeibys," drūsai saceja Alise, „tu ari audz, voi zini."

„Nui, bet *es* augu tam atbylstūšā tempā," saceja Susurs, „navys taidā smīkleigā veidā." I jis pīsacēle i aizvainuoti aizguoja iz ūtru tīsys pusi.

Vysu itū laiku Karalīne nanūgrīze skatīni nu Capurnīka, i, koleidz Susurs beja aizguojs iz ūtru tīsys pusi, jei saceja vīnam nu tīsys izpiļdeituoju: „Atnes maņ vysu dzīduotuoju sarokstu nu paguojušuo koncerta!", piec kuo naboga Capurnīks suoce tai treisēt, ka nūkrateja nūst sovys kūrpis.

„Paruodi sovus pīruodejumus," sirdeigi atkuortova Karaļs, „voi ari es likšu nūcierst tev golvu, vīnolga, voi tu sasatrauksi, voi nā."

„Es asmu nabadzeigs cylvāks, Jiusu Augsteiba," treicūšā bolsā īsuoce Capurnīks, „i es nasuocu dzert čaju – na vairuok par nedeļu voi koč kai tai – i kas ir ar svīstmaizi, ka tei palīk cik pluona – i šaļteņa čaja –"

„Kaida čaja šaļteņa?" vaicova Karaļs.

„Vyss suocēs ar čaju," atbiļdēja Capurnīks.

„Saprūtams, itys suocēs ar Č!" osi saceja Karaļs. „Tu mani skaiti par najāgu? Paceli!"

„Es asmu nabadzeigs cylvāks," Capurnīks turpynova, „i vairums lītu nūtyka piec tuo – viņ Marta Začs saceja –"

„Es nasaceju!" lelā steigā puortrauce Marta Začs.

„Saceji gon!" tīpēs Capurnīks.

„Es tū nūlīdzu!" naatsalaide Marta Začs.

„Jis tū nūlīdz," saceja Karaļs, „izlaid itū daļu."

„Sevkurā gadīnī Susurs saceja..." i Capurnīks satraukts vērēs apleik, kab radzātu, voi jis tū ari nūlīgs, a Susurs nikuo nanūlīdze, deļ tuo ka beja aizmidzs.

„Piec ituo," turpynova Capurnīks, „es sagrīžu vēļ nazcik svīstmaižu."

„A kū saceja Susurs?" vīns nu zvārynuotūs praseja.

„Tū es navaru atguoduot," saceja Capurnīks.

„Tev *juoatguodoj*," pīzeimova Karaļs, „voi es likšu tev nūcierst golvu."

Nalaimeigajam Capurnīkam izkryta nu rūku čajs i svīstmaize, i jis nūsalaide iz vīna ceļa. „Es asmu nabadzeigs cylvāks, Jiusu Augsteiba," jis īsuoce.

„Tu esi *cīši* slykts *runuotuojs*," pīzyna Karaļs.

Itamā šaļtī vīna nu jiurys cyuceņu izklīdze ovacejis, i tamā pat strēčē tīsys izpiļdeituojs ar varu pīspīde jū apklust. (Tai kai itys ir gona styprs izteicīņs, es paskaidruošu, kai eisti itys nūtyka. Jim beja lelys audakla sūmys, kurys augšā beja sasītys ar viervi – nu suoku jī ībuoze tamā jiurys cyucenis golvu i tod atsasāda jai viersā.)

„Es asmu prīceiga redzēt, kai itys nūteik," dūmova Alise, „es tik bīži asmu skaitejuse avīzēs, ka tīsys beiguos: „Beja raudzeits suokt applaudēt, a tīsys īriedni par reizi tūs ar varu puortrauce," a es nikod da šuo ituo nabeju saprotuse."

„Ka itys ir vyss, ku tu par tū zini, tu vari nūkuopt nu paaugstynuojuma," turpynova Karaļs.

„Es navaru nūkuopt zamuok,"saceja Capurnīks, „es jau asmu gona zamu."

„Tod tu vari *atsasēst*," Karaļs atbiļdēja.

Tod vēļ vīna jiurys cyuceņa bolsā uzgavilēja i tyka apklusynuota ar varu.

„Nu, jiurys cyucenis ir nūbeigtys," dūmova Alise, „niule turpynuot byus vīgluok."

„Es grybātum nūbeigt dzert čaju," saceja Capurnīks, namīreigi vārdamīs iz Karalīni, kas puorskateja dzīduotuoju sarokstu.

„Tu vari īt," saceja Karaļs, i Capurnīks steidzeigi atstuoja tīsu, pat naapmaucūt atpakaļ kūrpis.

„– i nūciertit jam golvu uorpusē," dasaceja Karalīne vīnam nu izpiļdeituoju, a Capurnīks jau beja pazuds nu skota, cikom izpiļdeituojs tyka da durovu.

„Saucit cytu līcinīku!" saceja Karaļs.

Cyta līcineica beja Hercogīnis saimineica. Jei nese pyparu kasti rūkā i Alise jau zynova, kas jei ir, pyrma jei beja īguojuse tīsā, deļ tuo ka cylvāki pi durovu iz reizis suoce škaudeit.

„Dūdit sovu līceibu," saceja Karaļs.

„Nadūšu," atbiļdēja virieja.

Karaļs bažeigi vērēs iz Boltū Trusi, kurs klusā bolsā saceja: „Jiusu Augsteibai vēļ reizi juonūpratynoj *itys* līcinīks."

„Nu ka vajag, vajag," Karaļs nūsaceja ar melanholisku pīskani, i, piec ituo, kai jis beja salics rūkys kūpā pi kŗyuteža i pasaviers iz saimineicu tik sirdeigi, ka gondreiž navarēja redzēt juo ocu, jis saceja dūbā bolsā: „Nu kuo gataveiti itī peirāgi?"

„Puorsvarā nu pyparu," saceja Saimineica.

„Sirups," saceja mīgains bolss aiz juos.

„Pajemit tū Susuru aiz apaklis!" īsabļuove Karalīne.
„Atstuojit tū Susuru bez golvys! Izsvīdit tū Susuru nu tīsys!
Ar varu! Īknībit jam! Nūraunit jam ūsys!"

Puors minutu vysa tīsa beja apjukumā, svīžūt Susuru uorā,
i da ituo laika, kod vysi beja atpakaļ sovuos vītuos,
saimineica beja pagaisuse.

„Napīgrīzit viereibys!" saceja Karaļs, ar lela atvīgluojuma
nūskaņu. „Saucit cytu līcinīku." I jis pusbolsā pīmatynova
Karalīnei: „Patīšom, meiluo, *tev* juonūpratynoj cyts līcinīks.
Maņ jau suoc suopēt golva!"

Alise vāruoja Boltū Trusi, cikom jis taustejuos pa
sarokstu, izavārdams cīši īinteresāts, kas byus cyts līcinīks.

„Nu, tai kai jim *vēļ* nav gona līceibu," Alise saceja pi seve.
Īsadūmuojit juos puorsteigumu, kod Boltais Truss īsabļuove
sovā smolkajā, grīzeigajā bolsā: „Alise!"

XII NŪDAĻA

Alisis līceiba

"te!" atsasauce Alise, satraukumā gondreiž damiersuse par tū, cik lela beja izauguse pādejuos minutuos, i jei pīlēce kuojuos taidā steigā, ka apguoze zvārynuotūs sūlu ar lyndraku molu, izguožūt vysus zvārynuotūs aiz mugarys sādūšajim iz golvys, i tī jī vuortejuos i rūzejuos, atguodynojūt jai par akvareju ar zalta zivteņom, kuru jei najauši apguoze pyrma nedelis.

„Voi, *lyudzu*, atlaidit!" jei atsavainova ar lelu samulsumu, i suoce ceļt jūs augšyn, cik mudri varēja, deļ tuo ka atminis par zalta zivteņom turpynovuos, i jai redzējuos, ka piec īspiejis mudruok juosalīk jī atpakaļ zvārynūtūs sūlā, sovaiduok jī nūmiers.

„Tīsys process navar turpynuotīs!" īsasauce Karaļs groznā bolsā, „cikom zvārynuotī nav atpakaļ sovuos vītuos – *vysi*!" pādejū vuordu jis eipaši uzsvēre, verūtīs iz Alisi.

Alise pasavēre iz zvārynūtūs sūlu i pamaneja, ka steigā beja nūlykuse škierzlotu ar golvu zamyn, i naboga radeiba skumeigi kustynova asti, navarūt pasakustēt ni nu vītys. Mudri jei jū izvylka i nūlyka pareizi. „Nu nav jau tai, ka itys daudz kū maina," jei saceja sev, „maņ redzīs, nu juos ir *tik daudz* jāgys tīsā ar golvu zamyn kai ar golvu augšyn."

Tod, kod tīsa beja atsagivuse nu apsaguosšonys i tafeleitis i kreiteni beja atrosti, vysi ar lelu pīpyuli i precizitati suoce pīraksteit nagadejuma viesturi, vysi, izjamūt škierzlotu, kas, redzīs, beja par daudz puorcīts, deļ tuo jis nadareja nikuo, tik sēdēja ar atplāstu muti i vērēs grīstūs.

„Kū tu zini par itū nūtykumu?" Karaļs vaicova Alisei.

„Nikuo," saceja Alise.

„Nikuo, *lai ari kas*?" naatsalaide Karaļs.

„Nikuo, lai voi kas," apstyprynova Alise.

„Itys ir cīši svareigi," pasagrīžūt pret zvārynuotajim, saceja Karaļs. Jī niule taisejuos tū pīraksteit, kai Boltais Truss jūs puortrauce: „Nasvareigi, Jiusu Augsteiba gribēja saceit," jis bylda gūdbijeigā tūnī, zeimeigi verūtīs iz Karaļa.

„Nasvareigi, saprūtams, es gribieju saceit," Karaļs steidzeigi saceja, i pustūnī turpynova pi seve: „Svareigi – nasvareigi – nasvareigi – svareigi –" kaiba raudzeidams saprast, kurs vuords skaņ lobuok.

Daži zvārynuotī pīraksteja „svareigi," cyti – „nasvareigi". Alise tū varēja redzēt, deļ tuo ka sēdēja gona tyvu. „A tam tok nav nikaidys nūzeimis," jei dūmova pi seve.

Itamā šaļtī Karaļs, kas nalelu strēčeiti beja koč kū aizrauteigi rakstejs sovā pīrokstu būrtneicā, īzasauce: „Klusumu!" i skaiteja nu sovys būrtneicys: „Lykums četrdesmit divi. *Vysom personom, kas garuokys par kilometru, juopamat tīsa.*"

Vysi pasavēre iz Alisi.

„Es naasmu kilometru gara," saceja Alise.

„Tu esi," ībylda Karaļs.

„Gondreiž div kilometrus gara," dasaceja Karalīne.

„Nu, es nikur naīšu, lai tī voi kas," saceja Alise. „Pituo, tys nav eists lykums, tu jū niule izdūmovi."

„Itys ir vacuokais lykums gruomotā," naatsalaide Karaļs.

„Tod tam byutu juobyun pyrmajam," saceja Alise.

Karaļs palyka bolts, i steigā aiztaiseja pīrokstu būrtneicu.

„Apdūmojit sovu sprīdumu," jis saceja zvārynuotajim klusā, treisūšā bolsā.

„Ir vēļ vīns pīruodejums, lyudzu, Jiusu Augsteiba," saceja Boltais Truss, lācūt lelā steigā, „itys papeirs ir viņ niule atrosts."

„Kas jimā ir?" vaicova Karalīne.

„Es tū vēļ naasmu attaisejs," saceja Boltais Truss, „a tys izaver piec viestulis, kas raksteita nu tīsuojamuo vuorda – kaidam."

„Laikam tai tys i ir," saceja Karaļs, „ka nu viņ tei nav raksteita nivīnam, kas tai parosti nav."

„Kam jei ir adresāta?" vaicova vīns nu zvārynuotūs.

„Tai vyspuor nav adresata," saceja Boltais Truss, „vēļ vaira, redzīs, ka *uorpusē* nav pīraksteits nikas." Jis atlūceja papeiru, cikom runova, i dasaceja: „Tei tūmār nav viestule – tei ir dzejūļu kūpa."

„Voi itys ir tīsuojamuo rūkroksts?" vaicova cyts zvārynuotais.

„Nā, nav gon," saceja Boltais Truss, „i tys ir pats naparostuokais." (Vysi zvārynuotī izavēre samulsuši.)

„Jis nūteikti atdarynova kaida cyta rūkrokstu," saceja Karaļs. (I vysi zvārinuotī otkon atvīgluoti nūsapyute.)

„Lyudzu, Jiusu Augsteiba," saceja Kolps, „es tū naraksteju, i jī navar pīruodeit, ka raksteju, deļ tuo ka beiguos nav vuorda."

„Ka tu itū naparaksteji," sprīde Karaļs, „itys padora vysu vēļ slyktuoku. Tu nūteikti beji dūmovs kū nalobu, sovaiduok tu byutim jū parakstejs kai gūdeigs cylvāks.

Tod vysi suoce applaudēt - tei beja pyrmuo gudruo līta, kū Karaļs beja pasacejs tamā dīnā.

„Itys *pīruoda* vaini," saceja Karalīne, „tod golvu –"

„Itys napīruoda nikuo!" īsasauce Alise. „Jius pat nazinit, kas tī ir raksteits!"

„Puorskait tū," pavēlēja Karaļs.

Boltais Truss izlyka okulerus. „Kur maņ suokt, Jiusu Augsteiba?" jis vaicova.

„Suoc nu suoku," grozna saceja Karaļs, „i skaiti da beigu, tod apsastuoj."

Tīsā vaļdeja kopa klusums, cikom Boltais Truss skaiteja ituos ryndys:

„Jī saceja, ka pi juos beji,
I mani jam pīminieji,
Labi raksturova mani jei,
Bet saceja, ka navarieju peļdeit.

Ka aizguojs naasmu, jis syuteja jim ziņu,
(Mes zinim, ka taisneiba ir tys):
Jo jei turpynuotu uzspīst vaicuojīni,
Kas byutu ar tevi nūsatics?

Es devu jai vīnu, jī jam div deve,
Tu mums pat treis voi vaira īdevi,
Jī vysi atsagrīze nu juo da teve,
Lai gon pyrms tuo muns beja vyss.

Ka maņ voi jai tai saītu
Īsasaisteit šamā lītā,
Jis tyc, ka jūs atbreivuotu,
Taipoš kai myus(us) tamā vītā.

Muns redzīņs beja, ka tu
(Pyrma juos lēkmem)
Beji traucieklis pa vydu
Jam, pat mums pošim i vēļ koč kam.

Naļaunit jam izzynuot, ka jim jei lobuok patyka,
Deļ tuo ka ir juobyun vysod tam
Nūslāpumam, globuotam nu vysa cyta,
Juopalīk storp mums pa vydam.”

„Itys ir vysu svareiguokais pīruodejums, kuru mes da šuo asam dzierdejuši,” saceja Karaļs, trynūt rūkys, „niule atlaissim sprīst zvārynuotajim –”

„Ka kaids varātu paskaidruot tū," īsajauce Alise (jei beja izauguse tik lela, ka nasabeida Karali puortraukt), „es jam īdūšu sešus pensus. *Es* natycu, ka tymā vysā ir koč kaida jāga."

Vysi zvārynuotī tū pīraksteja, „*Jei* natyc, ka tymā vysā ir koč kaida jāga," a nivīns pat naraudzeja nikuo jai paskaidruot.

„Ka tymā nav jāgys," saceja Karaļs, „tys pagluobs pasauli nu napatikšonu, deļ tam ka taidys nav juovaicoj. I es vēļ nazynu," jis turpynova, turūt dzejūļa eilis iz sova ceļgola i pa šaļteņai īsvīžūt jamuos aci.

„Es, ruodīs, radzu kaidu jāgu jimūs, kas voi kai: „– *saceja, ka navarieju peļdeit –*", tu navari maut, pareizi?" jis papyldynova, pasagrīžūt pret Kolpu.

Kolps skumi pakrateja golvu. „Voi izaver, ka muoku?" jis saceja. (Kū jis, saprūtams namuoceja, byudams taiseits nu kartona.)

„Da itīnis labi," saceja Karaļs, i pīsagrīze eiļu puorskaitiešonai pi seve: „„*Mes*

zinim, ka taisneiba ir tys –", tī ir zvārynuotī, saprūtams –
„Jo jei turpynuotu uzspīst vaicuojīni," – tod tai juobyun
Karalīnei – *„Kas byutu ar tevi nūsatics?"* – Patīšom! – *„Es
devu jai vīnu, jī jam div deve"* – tai, tam juobyun tam, kū jis
izdareja ar peirāgim –"
„A itys turpynovuos: *„Jī vysi atsagrīze nu juo da teve"*,"
saceja Alise.
„Ā, tur jī ira!" triumfali paziņova Karaļs, ruodūt ar pierstu
iz peirāgim, kas atsaroda iz golda. „Nikas navar byut
skaidruoks par „ka". Tod otkon – *„pyrma juos lēkmem"* – tev
nikod nav bejušys *lēkmis*, meiluo, ni tai?" jis vaicova
Karalīnei.
„Nikod!" sirdeigi saceja Karalīne, matūt ar tiņtis trauku
škierzlotam. (Naboga mozais Bils beja puortraucs raksteit ar
pierstu iz sovys tafeleitis, deļ tam ka saprota, ka tys naastuoj
nikaidus nūspīdumus, a niule jis steidzeigi atsuoce tū dareit,
izmontojūt tiņti, kas tecēja jam pa seju tik ilgi, cikom tei
puorstuoja pilēt.)
„Tod jau vuordim bejušys lēkmis," saceja Karaļs, ar
smaidu verūtīs iz sādūšajim zalā. Tī beja kopa klusums.
„Tei ir vuordu kaita!" pībylda Karaļs apvainuotā tūnī, i
vysi suoce smītīs. „Atļausim zvārynuotajim apsprīst sovu
lāmumu," Karaļs saceja jau kaidu divdasmytū reizi dīnā.
„Nā, nā!" īsajauce Karalīne. „Sprīdums nu suoku –
lāmums vāluok."
„Muļkeibys!" bolsā protestēja Alise. „Kur itys radzāts –
sprīdumu nu suoku!"
„Turi mēli aiz zūbu!" nūškaļdeja Karalīne, palīkūt zyla nu
dusmis.
„Nā!" saceja Alise.
„Golvu nūst!" Karalīne bļuove, cik skali varēja. Nivīns
napakustēja.

„Kuram par tū daļa?" vaicova Alise (jei jau beja izauguse
da sova parostuo izmāra pa itū laiku). „Jius naasat nikas
vaira par kartu skaudzeiti!"

Itamā šaļtī vysa kartu skaudze pīlēce kuojuos i lidova jai
puori. Jei nu suoku īsaklīdze, pa pusei nu puorsteiguma, pa
pusei nu dusmis, i raudzeja jūs nu seve atgryust, i tod
atsajēdze, guļūt krostā, golva īlykta muosys kliepī, i muosa
jam nu juos sejis nūst nazcik nūkrytušu lopu, kas lydynojās
nu kūku.

„Mūstīs, Alise, meiluo!" saceja muosa, „Oi, cik gon ilgi tu gulieji!

„Ak, maņ beja tik interesants sapyns!" i jei pastuosteja muosai, cik viņ labi varēja atguoduot vysus tūs naporostūs Pīdzeivuojumus, par kurim jius niule skaitejot; i kod jei beja pabeiguse, juos muosa jū pasumynova i saceja: „Tys *beja* interesants sapyns, meiluo, a niule gon skrīņ iz čaju, jau palīk vāls." I Alise skrēja, pa ceļam dūmojūt par tū, cik breineigs sapyns itys beja.

A juos muosa sēdēja taipoš, golvu rūkā atspīduse, vārojūt saulrītu i dūmojūt par Alisi i vysim juos breineigajim Pīdzeivuojumim, cikom jei poša nasuoce sepinēt, i juos sapyns beja taids:

Suokumā jei dūmova par pošu mozū Alisi, i vēļ reizi muosys rūcenis sagiva juos ceļagolu, i gaišys i dedzeigys acs vērēs jai acīs – jei varēja dzierdēt juos smolkū bolsu i redzēt, kai jei atmat motus atpakaļ, par tū ka jī vysod *leida* jai acīs – i cikom jai redzējuos, ka jei dzierd Alisis bolsu, voi vysmoz īsadūmova, ka klausejuos tymā, vysapleik jai pasaruodeja tī sapyna tāli, kas beja Alisis pīdzeivojumūs.

Garuo, zaļuo zuole pynuos jai pa kuojom tod, kod Boltais Truss steizēs garom – nūbīdātuo Pele šļakstynovuos cauri sābru prūdam – jei varēja dzierdēt Marta Zača i juo draugu čaja trauku džinkstiešonu jūs nabeidzamuos čaja dzeršonys vītā – i Karalīnis bolsa treisiešonu, pavielejūt nūcierst golvu vysim sovim gostim – vēļ vīnu reizi mozais, kas leidzeigs cyukai, škaudeja iz Hercogīnis ceļu, cikom papluotis i trauki lidova apleik – vēļ vīnu reizi nūsapyute Greifs i īsačierkstēja Škierzlota kreiteņš – i peikstēja jiurys cyucenis – vysys skanis pīpiļdeja gaisu i sasajauce ar attuolom Naeistuo Bruņurupuča alsom.

Tai jei sēdēja ar aiztaisātom acim i pa pusei ticēja, ka ir juos Breinumu zeme, koč jei ari zynova, ka tod, kod jei

attaiseis acs, vyss paliks par pīrostū realitati, zuole šolkuos
viņ viejā – prūds viļņuosīs viņ nu nīdru – skrūzeišu škindūņa
puorsameis par vušku zvaneņu skaņom, i Karalīnis bolss
paliks par vušku gona bolsu – i mozuo škaudeišona, Greifa
nūpyutys i vysys cytys naparostuos skanis puorsameis (jei
zynova) par īrostom lauku sātys klaiguošonom, a Naeistuo
Bruņurupuča alsys byus lūpu dūbī bolsi.

Beiguos jei izatālova, kai juos mozuo muosa byus izauguse
lela, kod jei jau byus pīauguse sīvīte, i kai jei paturēs sevī,
cauri vysim garajim nūbrīsšonys godim, vīnkuoršu i meilūšu
bārna sirdi, i kai jei stuostēs cytim mozim bārnim sovu
naporostū stuostu, īspiejams, pat sapynu par Breinumu
zemi, i padarēs jūs acs lelys i dagūšys. I kai jei sasajuss ar
vysom tom parostajom skumem, i otkon atrass prīcu
parostuokajuos lītuos, kas atguodynuos par bierneibu i
laimeigajom vosorys dīnom.

Alice's Adventures in Wonderland, by Lewis Carroll 2008

Through the Looking-Glass and What Alice Found There,
by Lewis Carroll 2009

A New Alice in the Old Wonderland,
by Anna Matlack Richards, 2009

New Adventures of Alice, by John Rae, 2010

Alice Through the Needle's Eye, by Gilbert Adair, 2012

Wonderland Revisited and the Games Alice Played There,
by Keith Sheppard, 2009

Alice's Adventures under Ground, by Lewis Carroll 2009

The Nursery "Alice", by Lewis Carroll 2010

The Hunting of the Snark, by Lewis Carroll 2010

The Haunting of the Snarkasbord, by Alison Tannenbaum,
Byron W. Sewell, Charlie Lovett, and August A. Imholtz, Jr, 2012

Snarkmaster, by Byron W. Sewell, 2012

In the Boojum Forest, by Byron W. Sewell, 2014

Murder by Boojum, by Byron W. Sewell, 2014

Alice's Adventures in Wonderland,
Retold in words of one Syllable by Mrs J. C. Gorham, 2010

𐐈𐑊𐐮𐑅'𐑆 𐐈𐐼𐑂𐐯𐑌𐐽𐐲𐑉𐑆 𐐮𐑌 𐐎𐐲𐑌𐐼𐐲𐑉𐑊𐐰𐑌𐐼,
Alice printed in the Deseret Alphabet, 2014

[illegible],
Alice printed in the Ewellic Alphabet, 2013

'Ælɪsɪz Əd'ventʃəz ɪn 'Wʌndəˌlænd,
Alice printed in the International Phonetic Alphabet, 2014

Alis'z Advnčrz in Wunḍland,
Alice printed in the Ňspel orthography, 2015

[illegible], *Alice* printed in the Nyctographic Square Alphabet, 2011

·𐑨𐑤𐑦𐑕𐑩𐑟 𐑩𐑛𐑝𐑧𐑯𐑗𐑼𐑟 𐑦𐑯 ·𐑢𐑳𐑯𐑛𐑼𐑤𐑨𐑯𐑛,
Alice printed in the Shaw Alphabet, 2013

ALISIZ ADVENCƎRZ IN WUNDƎRLAND,
Alice printed in the Unifon Alphabet, 2014

Elucidating Alice: A Textual Commentary on *Alice's Adventures in Wonderland*, by Selwyn Goodacre, 2015

Behind the Looking-Glass: Reflections on the Myth of Lewis Carroll, by Sherry L. Ackerman, 2012

Clara in Blunderland, by Caroline Lewis, 2010

Lost in Blunderland: The further adventures of Clara, by Caroline Lewis, 2010

John Bull's Adventures in the Fiscal Wonderland, by Charles Geake, 2010

The Westminster Alice, by H. H. Munro (Saki), 2010

Alice in Blunderland: An Iridescent Dream, by John Kendrick Bangs, 2010

Rollo in Emblemland, by J. K. Bangs & C. R. Macauley, 2010

Gladys in Grammarland, by Audrey Mayhew Allen, 2010

Alice's Adventures in Pictureland,
by Florence Adèle Evans, 2011

Eileen's Adventures in Wordland, by Zillah K. Macdonald, 2010

Phyllis in Piskie-land, by J. Henry Harris, 2012

Alice in Beeland, by Lillian Elizabeth Roy, 2012

The Admiral's Caravan, by Charles Edward Carryl, 2010

Davy and the Goblin, by Charles Edward Carryl, 2010

Alix's Adventures in Wonderland:
Lewis Carroll's Nightmare, by Byron W. Sewell, 2011

Aloþk's Adventures in Goatland, by Byron W. Sewell, 2011

Alice's Bad Hair Day in Wonderland,
by Byron W. Sewell, 2012

The Carrollian Tales of Inspector Spectre,
by Byron W. Sewell, 2011

Alice's Adventures in An Appalachian Wonderland,
Alice in Appalachian English, 2012

Alice tu Vãsilia ti Ciudii, *Alice* in Aromanian, 2015

Алесіны прыгоды ў Цудазем'і, *Alice* in Belarusian, 2013

Ahlice's Aveenturs in Wunderlaant,
Alice in Border Scots, 2015

Alice's Mishanters in e Land o Farlies,
Alice in Caithness Scots, 2014

Crystal's Adventures in A Cockney Wonderland,
Alice in Cockney Rhyming Slang, 2015

Aventurs Alys in Pow an Anethow, *Alice* in Cornish, 2015

Alice's Ventures in Wunderland, *Alice* in Cornu-English, 2015

Alices Hændelser i Vidunderlandet, *Alice* in Danish, 2015

La Aventuroj de Alicio en Mirlando,
Alice in Esperanto, by E. L. Kearney, 2009

La Aventuroj de Alico en Mirlando,
Alice in Esperanto, by Donald Broadribb, 2012

Trans la Spegulo kaj kion Alico trovis tie,
Looking-Glass in Esperanto, by Donald Broadribb, 2012

Les Aventures d'Alice au pays des merveilles,
Alice in French, 2010

Alice's Abenteuer im Wunderland, *Alice* in German, 2010

Alice's Adventirs in Wunnerlaun,
Alice in Glaswegian Scots, 2014

Balþos Gadedeis Aþalhaidais in Sildaleikalanda,
Alice in Gothic, 2015

Nā Hana Kupanaha a ʻĀleka ma ka ʻĀina Kamahaʻo,
Alice in Hawaiian, 2012

Ma Loko o ke Aniani Kū a me ka Mea i Loaʻa iā ʻĀleka ma
Laila, *Looking-Glass* in Hawaiian, 2012

Aliz kalandjai Csodaországban, *Alice* in Hungarian, 2013

Eachtraí Eilíse i dTír na nIontas,
Alice in Irish, by Nicholas Williams, 2007

Lastall den Scáthán agus a bhFuair Eilís Ann Roimpi,
Looking-Glass in Irish, by Nicholas Williams, 2009

Eachtra Eibhlís i dTír na nIontas,
Alice in Irish, by Pádraig Ó Cadhla, 2015

Le Avventure di Alice nel Paese delle Meraviglie,
Alice in Italian, 2010

L's Aventuthes d'Alice en Èmèrvil'lie, *Alice* in Jèrriais, 2012

L'Travèrs du Mitheux et chein qu'Alice y dêmuchit,
Looking-Glass in Jèrriais, 2012

Las Aventuras de Alisia en el Paiz de las Maraviyas,
Alice in Ladino, 2014

Alisis pīdzeivuojumi Breinumu zemē, *Alice* in Latgalian, 2015

Alicia in Terra Mirabili, *Alice* in Latin, 2011

Aliciae per Speculum Trānsitus (Quaeque Ibi Invēnit),
Looking-Glass in Latin, 2014

Alisa-ney Aventuras in Divalanda,
Alice in Lingua de Planeta (Lidepla), 2014

La aventuras de Alisia en la pais de mervelias,
Alice in Lingua Franca Nova, 2012

Alice ehr Eventüürn in't Wunnerland,
Alice in Low German, 2010

Contoyrtyssyn Ealish ayns Çheer ny Yindyssyn,
Alice in Manx, 2010

Ko ngā Takahanga i a Ārihi i te Ao Mīharo,
Alice in Māori, 2015

Dee Erläwnisse von Alice em Wundalaund,
Alice in Mennonite Low German, 2012

Auanturiou adelis en Bro an Marthou,
Alice in Middle Breton, 2015

The Aventures of Alys in Wondyr Lond,
Alice in Middle English, 2013

L'Aventuros de Alis in Marvoland, *Alice* in Neo, 2013

Ailice's Anters in Ferlielann, *Alice* in North-East Scots, 2012

Æðelgýðe Ellendǽda on Wundorlande,
Alice in Old English, 2015

Die Lissel ehr Erlebnisse im Wunnerland,
Alice in Palantine German, 2013

Alice Contada aos Mais Pequenos,
The Nursery "Alice" in Portuguese, 2015

Соня въ царствѣ дива: Sonja in a Kingdom of Wondor,
Alice in Russian, 2013

Ia Aventures as Alice in Daumsenland,
Alice in Sambahsa, 2013

'O Tāfaoga a 'Ālise i le Nu'u o Mea Ofoofogia,
Alice in Samoan, 2013

Eachdraidh Ealasaid ann an Tìr nan Iongantas,
Alice in Scottish Gaelic, 2012

Alice's Adventchers in Wunderland, *Alice* in Scouse, 2015

Alice's Adventirs in Wonderlaand, *Alice* in Shetland Scots, 2012

Alice muNyika yeMashiripiti, *Alice* in Shona, 2015

Ailice's Àventurs in Wunnerland,
Alice in Southeast Central Scots, 2011

Alisi Ndani ya Nchi ya Ajabu, *Alice* in Swahili, 2015

Alices Äventyr i Sagolandet, *Alice* in Swedish, 2010

Ailis's Anterins i the Laun o Ferlies,
Alice in Synthetic Scots, 2013

'Alisi 'i he Fonua 'o e Fakaofo', *Alice* in Tongan, 2014

Alice's Carrànts in Wunnerlan, *Alice* in Ulster Scots, 2013

Der Alice ihre Obmteier im Wunderlaund,
Alice in Viennese German, 2012

Ventürs jiela Lälid in Stunalän, *Alice* in Volapük, 2015

Lès-avirètes da Alice ô payis dès mèrvèyes,
Alice in Walloon, 2012

Anturiaethau Alys yng Ngwlad Hud, *Alice* in Welsh, 2010

I Avventur de Alis ind el Paes di Meravili,
Alice in Western Lombard, 2015

Alison's Jants in Ferlieland, *Alice* in West-Central Scots, 2014

Di Avantures fun Alis in Vunderland, *Alice* in Yiddish, 2015

Insumansumane Zika-Alice, *Alice* in Zimbabwean Ndebele, 2015

U-Alice Ezweni Lezimanga, *Alice* in Zulu, 2014

www.ingramcontent.com/pod-product-compliance
Lightning Source LLC
Chambersburg PA
CBHW031851090426
42741CB00005B/448